KB081593

은퇴 후 어떻게
경제적 자유를 얻을 것인가

퇴직하기
전에
미리
알았더라면

퇴직하기 전에
미리 알았더라면

초판 1쇄 인쇄 ┃ 2022년 08월 10일
초판 1쇄 발행 ┃ 2022년 08월 22일

지은이 ┃ 이동신(ssjameslee@daum.net)
펴낸이 ┃ 최화숙
편집인 ┃ 유창언
펴낸곳 ┃ 이코노믹북스

등록번호 ┃ 제1994-000059호
출판등록 ┃ 1994. 06. 09

주소 ┃ 서울시 성미산로2길 33(서교동) 202호
전화 ┃ 02)335-7353~4
팩스 ┃ 02)325-4305
이메일 ┃ pub95@hanmail.net┃pub95@naver.com

ⓒ 이동신 2022
ISBN 978-89-5775-294-4 03320
값 18,000원

은퇴 후 어떻게
경제적 자유를 얻을 것인가

퇴직하기 전에 미리 알았더라면

이동신 지음

이코노믹북스

당당한 은퇴와
2라운드 준비

박영준 전 지식경제부차관

저자는 나의 고교 5년 후배다. 보험 관련 최고기업에 오랫동안 근무하다 50대 초반에 박차고 나와 인생 2라운드를 멋지게 실현해 가고 있다. 1라운드의 거대 엘리트조직에서 닦은 경험과 실력, 인적 네트워크를 기반으로 자기만의 새로운 일의 세계를 열어가고 있어 나와 주변 사람들에겐 크고 신선한 자극이 되고 있다.

'나는 젊었을 때 정말 열심히 일했습니다. 실력을 인정받았고 존경받았습니다. 그 덕에 65세 때 당당하게 은퇴할 수 있었던 내가, 30년 후인 95세 생일 때 얼마나 후회의 눈물을 흘렸는지 모릅니다. 만일 내가 퇴직할 때 앞으로 30년을 더 살 수 있다고 생각했었다면 난 정말 그렇게 살지 않았을 것입니다.'

통계청이 발표한 '2020년 생명표'에 따르면, 한국인의 기대수명은 83.5세로 OECD국가 중 일본에 이어 2위이다. 이제 우리는 정상적으로 은퇴하고도 무려 20여 년을 더 살아내야 하는 세대가 되었다. 날로 속도를 더해 가는 사회의 격변은 PC와 휴대폰 능숙 세대 50~60대를 순식간에 디지털 문맹으로 몰아넣고 있다.

은행지점은 사라지고 모든 서비스 상점엔 무인기기가 점령해 가고 있는데 우린 아연하며 멈칫거리며 회피한다. 그런데 사실 디지털 사회 별거 아니다.

AI와 디지털은 데이터라는 기반이 없으면 성립하지 않는다. 우여곡절의 역사를 치열하게 겪어내고 살아온 우리는 모두 대체 불가능한 로우 데이터(RAW DATA)다. 한 번만 용기를 내면 된다. 두서너 달 배우면 RAW DATA가 BIG DATA가 된다. 20년 살아내기가 거뜬해진다.

저자는 우리 주변의 다양한 실 사례를 통해 우리 하나하나가 얼마나 잠재력이 있는 존재인가를 보여 준다. 그래서 더 멋진 인생 2라운드를 향해 일어설 용기를 우리에게 준다. 이 책을 통해 그 길을 보여 준 멋지고 자랑스러운 후배에게 아낌없는 박수를 보낸다.

은퇴 후의
천 갈래 만 갈래의 길

강신익 'Life Plan 연구소' 대표
(서울시50플러스재단 전직 지원 전문강사)

책 제목 〈퇴직하기 전에 미리 알았더라면〉에서 안타까움과 긴장감이 몰려온다. 작가의 말처럼 직장생활은 시작과 끝이 유사한 밀집대형이었지만 은퇴 후 홀로 걸어가는 삶은 천 갈래 만 갈래의 길이 있다. 본인이 꿈꾸는 행복한 은퇴생활을 하는 사람은 소수에 불과한데, 혜안이 있는 이들은 자신의 미래를 운명이나 유전자에게만 맡기지 않는다.

영국의 사회철학자 라슬렛(1989)은 인생을 네 단계로 구분했다. 제1기는 태어나서 취업할 때까지, 제2기는 취업해서 퇴직할 때까지, 제3기는 퇴직해서 건강할 때까지, 제4기는 건강을 잃고 죽을 때까지로 구분했다. 특히 그는 중장년 세대가 맞는, 제3기 인생(The Third Age)은 잘 준비하고 노력한다면 개인적 성취를 이룰 수 있는 풍요로운 시기라고 정의했다. 지금까지 가족과 사회에 책임을 다하며 바쁘게 인생 2기를 살아온 중장년 세대에게는 이제 더할 나위 없이 좋은 시기가 되어야 할 것이다.

그러나 우리의 현실은 막연하기만 하다. 누구나 다가올 미래를 어렴풋이 알고는 있지만 대부분 준비가 되지 않은 상태에서 갑작스런 인생의 전환기를 맞게 된다. 평균수명의 증가와 회사에서 일찍 퇴직을 해야 하는 두 측면에서 힘든 것이 현실이다. 서울시50플러스재단의 상담실에서 컨설턴트로서 활동을 하다 보면 내담자 분들의 공통적인 관심사는 다음의 두 가지로 요약된다.

첫째, 길어진 100세 시대의 삶을 어떻게 살아야 하는가?
둘째, 그 기간 동안에 무엇을 해야 하는가?

이를 위해서는 자기의 각 생활영역 전체에 대한 설계와 그 실천이 요구되는데 재무적 영역뿐 아니라 특히 비재무적 생활영역에서도 세심한 준비가 필요하다. 이 책은 이러한 측면에서 좋은 길잡이가 되리라 본다.

어느 여행길에서 우연히 발견한 돌담에 쓰여진 글귀가 생각난다.

'행복이 오지 않으면 만나러 가야지!'

새롭게 인생 3기를 맞게 되는 많은 중, 장년 분들이 이 책을 만나게 되면서 보다 풍요롭고 가치 있는 삶을 만나게 되리라 확신한다.

머리말

기술과 평판,
인맥을 용궁에 두고 나온 토끼

지난 60년간 한국인의 평균수명이 25년 이상 늘어나는 동안 기업체나 공무원 정년은 5년이 늘었다. 수명은 지속적으로 늘어나서 100세 삶이 보편화되는 호모 헌드레드(Homo Hundred) 시대가 되었다. 전례 없는 수명연장을 두고 혹자는 인류의 가장 큰 업적이라고 하고, 혹자는 노후의 경제력과 건강을 걱정한다. 새로운 시대를 맞이하였지만 인류의 환희와 걱정거리는 교차하고 있는 것이다.

이전 세대와 비교해서 수명이 20~30년 늘어난 것은 축복이지만 그만큼 사회적 · 경제적 활동을 더해야 하는 숙제도 떠안았다. 수명연장으로 60세 퇴직 이후의 삶이 길어졌다. 하지만 대다수 직장인들은 여전히 정년 60세의 직장에 '올인'하고 남은 운명을 회사에 맡긴다. 한곳만 보고 전력으로 질주하던 어느 날, 그동안 익숙했던 자리를 모두 빼앗아가는 통보를 받는다. 본인이 먼저 회사를 자르고, 자발적으로 걸어 나가지 않는 한 이런 일은 회사원의 숙명이다. 모든 것이 물거품이 되고 가루가 되는 순간이다. 이런 일은 항상 남의 일로 보이지만 언젠가는 나의 일이 된다.

그동안 나를 든든하게 지켰던 회사 직급이나 사내 지식, 평판은 더 이상 내 것이 아니고, 퇴사를 하고 나면 한동안 무능력자가 된다. 회사가 원하는 분야에서 전문가였으나 다른 많은 분야에서 '전문 바보'가 되어 있는 것이다. 실제로 회사에 들어갈 때보다 나올 때 더 많은 공부가 필요하다. 대학이나 대기업에서 배웠던 지식들은 화려한 가상의 세계일 뿐이다.

바깥세상은 이론이 아닌 실전이고 허(虛)가 아닌 실(實)의 세계이다. 설사 직장에서 치열하게 생활하였다 해도 큰 도움이 되질 않는다. 나의 경우 퇴직과 함께 기술과 평판, 인맥까지 대기업이라는 용궁 속에 고스란히 두고 나온 토끼에 불과했다. 퇴직 이후 한참의 시련과 시행착오를 겪은 이후에야 비로소 현장에서 경쟁력이 생겼다. 다행히 실패의 경험과 성공의 경험은 겹겹이 누적되어 목표를 향해 가는 여정에서 베이스캠프 역할을 하였고, 성공확률을 높이고 있다. 하지만 여전히 부족함을 느껴 퇴직하기 전에 미리 알았으면 좋았을 것들을 책으로 엮었다. 50대 이후 생애설계를 한다는 것은 내가 누구인지 되돌아보는 것이고, 미래를 예측하고 준비하는 것이다. 현재 우리 사회에는 100세 시대의 롤모델이 없다. 90세, 100세를 넘긴 사람들은 자신이 이렇게 오랫동안 살 줄 몰랐다고 지나간 시간을 후회하고 있다. 우리나라는 OECD 국가 중 노인빈곤율 1위, 노인파산율 1위,

노인자살률 1위이고 주된 원인은 생활고와 외로움, 만성질병이다. 재무적 준비는 참담하고 65세 이상의 고령자 84%는 만성질병에 시달리고 있다. 은퇴자가 준비해야 할 7대 생애설계영역은 일, 재무, 건강, 여가, 사회공헌, 가족, 사회적 관계이며 이 중에서 퇴직자들이 가장 큰 관심을 보이는 것은 일과 재무, 건강과 사회적 관계에 관한 것이다. 이를 위해 퇴직 후에는 근로소득을 올리려는 노력 이상으로 자산의 포트폴리오와 재무설계가 중요하다.

노후준비는 경제문제에 국한되지 않는다.
"고작 스마트폰 하나 모른다고 누군가의 삶이 멈춰서는 안 된다."
이 문구는 내가 스마트폰강사로 잠시 일했던 서울시50플러스재단 '디지털세대 이음단'의 모토이다. 다수의 고령자들이 자신들이 만들어낸 디지털문명의 속도를 따라가지 못해 스스로가 소외되고 있다. 키오스크를 사용하지 못해 주문을 할 수 없거나 은행지점 폐쇄로 인터넷뱅킹을 할 수 없는 고령자들의 불만이 쌓여 가고 있다.
노후나 먼 미래를 생각한다는 것은 불안감을 불러오기 때문에 일부러 눈을 감고도 싶다. 사주팔자나 운명론에 맡기고도 싶다. 그러나 배워야 눈이 떠진다. 실패 원인 중에 가장 큰 것은 제대로 배우지 않았기 때문인데 대부분의 사람들은 이것조차 인정치 않는다. 배움은 오늘의 에너지를 끌어올리는 것과 동시에 내일을 예측하는 힘이 된다. 학교나 회사에서 배우지 못한 투자와 지식창업 교육을 위해 나는 예비퇴직자를 위한 〈창업과 투자 스쿨〉을 강남에서 개설하였고 매주 토요일 초청강사들로부터 강연을 듣는다. 탈무드에서 '세상에서 제일 지혜로운 사람은 어떤 경우에도 배우는 사람이고, 세상에서 제일 강한 사람은 자신을 이기는 사람이고, 세상에서 제일 행복한 사람은 지금 이대로를 감사하며 사는 사람이다'라고 한다. 공자는 《논어》에서 학이시습지 불역열호(學而時習之 不亦說乎)를 말하며 배우는 기쁨을 이야기하였다. 요즘 나도 배움이 주는 기쁨과 힘을 실감하고 있다.

장수의 시대에 인생 후반기는 내가 좋아하는 일을 통해서 나 자신을 최고로 표현하고, 벼룩처럼 뛰어오르듯 제2의 비상(飛翔)을 하였으면 한다. 중년의 피 속에도 태양이 몇 개나 들어 있다. 타인의 삶을 흉내 내거나 평균치 삶을 사는 것이 아니라 나만의 고유한 삶이 예술 작품처럼 빛났으면 좋겠다. 당장 퇴직 계획이 없는 직장인이라 하더라도 훗날의 퇴직과 롱라이프 시대를 대비한 계획을 세우고, 자기 속에 잠들어 있는 보석을 찾아 미래를 준비하였으면 한다.

이 책을 통해 건강과 사회적 관계, 연금과 보험, 펀드 등 균형 잡힌 포트폴리오를 구성할 수 있도록 하였고, 후반부에는 새 시대의 프런티어가 되어 멋진 라이프사이클을 만들어 내고 있는 위대한 중장년들의 이야기와 1인 기업 창업, 〈나홀로 비즈니스〉를 소개하였다. 부록에서는 〈편리한 스마트기기 사용법〉과 창업자금을 지원하는 〈정부지원사업〉을 소개하였다. 끝으로 미래 세대에 대한 통찰을 주신 박영준 前지식경제부차관님과 아낌없이 조언을 주신 서울시50플러스재단 전직(轉職) 지원 전문 강사이자 'Life Plan 연구소' 소장인 강신익 대표님께 깊은 감사의 마음을 전한다.

차 례

1장 통곡의 계곡, 추락하느냐 반등하느냐

4장 **1인 기업 창업, 나홀로 비즈니스**

5장 **돈이 들어오는 파이프라인**

8장 재테크, 펀드와 부동산 투자

9장 취업정보 사이트, 창업과 재취업

결어結語, 꾸준한 학습과 좋은 만남

 부록1 '디지털 바보' 되지 않기

부록2 정부지원사업 자금지원

1장

통곡의 계곡,
추락하느냐 반등하느냐

내 마음 속의 보석과
자유를 찾아서

뭔가 잘못된 것 같았다. 어딘가에서 연락이 올 법도 한데 회사를 그만둔 지 1년이 지났지만 아무 곳에서도 나를 찾는 사람은 없었다. 100세 시대에 50대 중반이라면 아직도 가야 할 길이 먼데 퇴직으로 허리가 잘렸다는 느낌도 들었다. 지난 3년간 준비를 하면서 독자생존을 각오했지만 바깥세상은 먼저 나간 선배들의 말처럼 삭막하고 찬바람이 불었다.

퇴직 2년 전의 일이다. 연말에 찾아온 인사담당자와 명퇴 조건을 이야기한 지 일주일째 내 마음은 조기퇴직 쪽으로 기울고 있었다. 나를 설득하러 온 인사팀 후배의 손에는 임금피크가 시작되는 55세부터 매년 삭감되는 급여명세가 계산되어 있었고, 그 수치를 합산하여 명퇴금으로 선반영해 준다고 하였다. 그러나 명퇴 요구를 당하는 사람의 입장은 달랐다. 당시 회사는 많은 이익을 내고 있었고 일부 부서의 경우는 특수직 경력사원을 신규로 채용하고 있었다. 주가도 신고가를 기록하고 있었다. 하지만 회사는 장래를 생각해서 전체 조직을 젊게 가져가려고 했다. 내가 느낀 감정은 마치 젊은 애인을 만나서 조강지처를 내쫓으려는 나쁜 남편과도 같았다.

회사는 대표적인 손해보험회사로 인터넷을 통한 다이렉트 가입자들이 크게 증가하고 있었다. 이는 우리 세대가 만든 브랜드파워 덕분이고 브랜드 가치에 우리의 땀과 지분이 들어 있다고 생각했다. 이런 이유로 남아 있는 일부 선후배들은 노동조합을 만들어 회사를 상대로 투쟁하였다. 나는 투쟁보다 새로운 길을 선택했다. 누군가와 다투는 것에 익숙하지 않았고 길지 않은 인생에서 회사든 누구든 다투고 싸우고 싶지 않았다. 인생 후반기에는 내 마음속의 보석과 자유를 찾고 싶었다. 내가 좋아하는 일을 통해서 진정한 나를 발견하고 나를 세상에 표현하고도 싶었다. 결국 나는 인사담당자가 가지고 온 서류에 사인을 했다. 2년의 계약직 근무를 조건으로 퇴직을 결정했다. 2년간의 기간은 퇴직을 위한 준비 기간이었다. 모든 짐을 내려놓고 계약직으로 신분을 전환하여 한직으로 옮겨 왔을 때는 스트레스가 너무 없어서 직장생활이 오히려 이상할 정도였다. 회사 입사 6개월부터 매월 매년 동료들과 순위경쟁을 하였고, 관리자 시절은 팀의 책임자로 치열한 승부를 하였기에 직장에선 극도의 긴장 상태였다.

50세 이전까지 직장생활은 너무나 좋았다. 매년 월급이 오르고 승진도 했다. 내가 승진하는 사이, 다른 한편에서는 고참 선배들이 직책을 빼앗기고 연봉을 삭감당한 채 희망을 잃어가고 있었다. 매년 회사에서 생기는 일이고 남의 일로만 알았는데, 이번에는 입사 27년차인 내게 불똥이 떨어진 것이다. 달려오면서 어렴풋이 이때를 예상했지만 그 속도는 생각보다 빨랐고 이후 경사는 아주 가팔랐다.

계약직으로 일하다가 퇴직을 했다. 총 29년의 긴 직장생활이었다. 연수원에서 신입 동기들과 집합교육을 마치고 현장 사무실로 배치받아서 선배들에게 신고식을 했던 기억이 엊그제 같은데 말이다. 전쟁터와 같았던 직장에서 꿈꾸던 임원승진에는 실패했지만 맞벌이를 하면서 운 좋게 아파트도 구입하였고, 아이 둘도 성장하여 대학에 다니고 있으니 회사 덕분에 잘 살아온 것도 같았다.

조기퇴직을 결심하게 된 또 다른 이유는 수명연장과 라이프 사이클의 변화였다. 이전 세대는 나이 60세에 정년퇴직 후 손자손녀들을 돌보면서 소일해도 괜찮았다. 그러나 수명 100세 시대의 은퇴자들은 대부분 다시 경제활동을 해야 하고, 실제로 정년퇴직 후에 집에서 쉬는 사람은 거의 없다. 통계상으로도 한국 남녀들이 실제로 은퇴하는 나이는 72세이다. 수명은 점점 길어지고 있고 향후 실제 은퇴는 더 늦추어질 것이다. 어차피 제2의 인생을 설계해야 한다면 그 시기를 5~6년 앞당기는 것도 좋은 전략 같았다. 그 당시에는.

그러나 퇴직 이후에 일어나는 상황에 대해서는 제대로 예측하지 못했다. 당시의 상상, 그 이상이 될 것이라는 것을.

평균수명은 25년 늘고, 정년은 5년 늘고

회사 재직 시 만 50세 직원들만을 대상으로 하는 '생애설계과정' 교육을 받은 적이 있었다. 당시 금융계열사에서 근무하던 직원들은 희망 퇴직연령을 묻는 설문조사에서 80% 이상이 현 직장에서의 예상 퇴직연령을 55세로 정도로 꼽았다. 이후에는 지금과는 다른 직종에서 계속 근무하고 싶다고 했다. 갈수록 예상 퇴직연령은 앞당겨진 것으로 보인다. 이들을 고용하고 있는 기업체 자체의 수명이 짧아졌고, 존속가능성과 안정도가 떨어지고 있기 때문이다.

2021년 잡코리아가 알바몬과 함께 직장인 534명을 대상으로 설문조사를 진행한 결과 직장인들은 평균 51.7세에 부장급으로 정년퇴직을 하게 될 것이라고 예상했다. 대기업에 근무하는 직장인들이 체감하는 정년퇴직 나이는 평균 49.5세, 중소기업에 근무하는 직장인들이 체감하는 정년퇴직 시기는 평균 51.7세, 공공기관에 근무하는 직장인이 체감하는 정년퇴직 시기는 평균 53.8세로 조사됐다. 또 55~64세 취업 유경험자들을 대상으로 한 통계청 조사에서는 생애 가장 오래 근무한 일자리에서의 평균근속기간은 15년 7개월이고, 이들이 가장 오래 근무한 직장을 그만둘 당시 평균연령은 49.4세였다

다음 표는 각 연대별 평균수명과 가동연한(정년)을 비교한 것이다.

기준 연도	1960년대	1989년 12월	2019년 12월
남녀 평균수명	58세	66세	83.3세
가동연한(육체노동, 대법원)	55세	60세	65세
기능직공무원 정년	55세	58세	60세
국민연금(기초연금) 수급시기		60세	65세(1969년생부터)

연도별 평균수명과 가동연한(정년) 비교

평균수명이란 0세의 출생자가 향후 생존할 것으로 기대되는 평균생존연수이다.
'0세의 기대여명'이라고도 한다.
통계 출처 : 서울중앙지법 2017나2877 항소심판결문

위 표에서 남녀 평균수명은 30년 전 대비하여 17.3세나 연장되었고, 60년 전 대비하여 25.3세가 늘어났다. 다시 말해 지금의 중년들은 아버지 세대에 비하여 17년, 할아버지 세대에 비하여 25년 이상을 더 살게 된 것이다. 반면 지난 60년간 평균수명이 25년 늘어날 때 육체노동자 가동연한은 10년, 대다수 기업체나 공무원의 정년은 5년이 연장되었다. 급격한 수명연장으로 우리나라의 공식 퇴직연령과 실질적 은퇴연령 사이에는 큰 차이가 발생했다. 우리나라 공식 퇴직연령은 60세이고 2011~2016년까지 실질적인 은퇴연령은 남성 72.0세, 여성

72.2세이다. 남녀 모두 공식 퇴직연령보다 평균 12년을 더 일했다.

그나마 1차 직장에서 정년을 다 채우는 사람은 극소수에 불과하고, 실질적으로는 50~55세에 대부분 퇴직했다. 근무환경이 열악한 중소업체에서는 법적 정년은 아예 의미가 없고, 재무여건이 좋은 대기업의 경우도 60세 정년까지 정규직으로 일하는 사람은 소수이다.

정년 60세의 과학적 근거는 어디에도 없고 사회적 편견에 불과하지만, 기업체에서는 사무직은 물론이고 육체노동자까지 60세를 가이드라인으로 정해놓고 인력을 운영하고 있다. 기업에서는 생산성 피크가 되는 평균연령을 대략 47세~48세로 보고 있고, 그 이후에는 역할에 비해 더 많은 급여를 받고 있다고 가정한다. 결국 법과 시스템이 현실의 변화를 제때 따라오지 못하고 있다.

2019년 대법원에서 육체노동자들의 가동연한을 60세에서 65세로 상향 인정하였으나 아직 대다수 기업과 공무원의 정년은 60세를 유지하고 있다. 만약 60세에 은퇴해서 기대여명 종료일(83.3세)까지 산다면 23년간의 공백기가 있다. 참고로 OECD국가의 공식 퇴직연령은 65세이고, 실질적인 은퇴연령 평균은 남성 65.1세, 여성 63.6세로서 공식연령과 큰 차이가 없다.

미국과 영국의 경우 정년이 아예 없고 일본은 70세, 독일은 67세로 규정되어 있다. 미국도 정년제도가 있었으나 '연령에 의한 고용차별금지법' 제정 이후 정년이 폐지되었다.

한편 우리나라는 노령화현상이 급속히 진행되어 2020년부터 베이비붐세대 중 일부가 65세 이상으로 진입하여 65세 이상 인구는 전체의 15.7%로 800만 명을 넘어섰고 이들의 일자리는 난망하다.

롱라이프, 기승전결起承轉結이
바뀌고 있다

첫 직장에서 일찌감치 퇴직하든, 정년에 퇴직하든 향후 100세 인생을 살아가는 현대인들의 실제 정년은 80세가 될 전망이다. 과거 우리는 30년간 배우고 30년간 일하고, 마지막 20~30년간은 노후를 소일하는 라이프 사이클이었다. 그러나 호모 헌드레드 시대에 우리 생애 사이클에는 새로운 연장전이 생겼다. 주된 직장에서 퇴직한 이후에 대략 20~30년간은 사회활동과 경제활동을 더 해야 한다. 100세 시대의 기승전결(起承轉結)이 바뀌고 있다. 법적 정년과는 별도로 실제적인 가동연한은 70~80세 정도로 늘어나고 있다. 종전의 패턴이 기(성장) 승(교육), 전(직장), 결(은퇴)이었다면, 현재의 패턴은 1차 은퇴 이후에도 여러 번의 승(교육)-전(직장)-결(은퇴)의 형태가 되풀이되고 있다는 것이다.

2020년 통계청 발표에 따르면, 지난 30년간 한국인의 평균수명은 17.3년이 더 늘어났다.

이런 추세로 기대여명이 계속 늘어난다면 조만간 평균수명 90세, 100세 시대가 도래할 것이다. 이제 기업의 임금체계의 개편과 정년폐지나 고령자 재고용 문제에 대한 사회적 논의도 시작되었다. 2020년 기준 65~69세 사이의 젊은 노인들은 55.1%가 경제활동을 하고 있고 이중 약 74%는 낮은 임금의 생계형으로 조사되었고 73세까지 일하기를 희망했다. 최근 기업 정년의 의미는 노동능력의 상실이 아니라 고임금 인력을 내보내고 젊은 인력을 충원하는 기업체의 수단이 되었다.

또한 수명연장으로 아이들 육아는 부모와 조부모의 공동육아가 되었다. 손주의 성장과정과 경제기반에 젊어진 조부모들의 역할이 커졌다. 아울러 최근 노동시장에도 큰 변화가 생겼다. 얼마 전부터 사무직과 건설현장직 임금 사이에 역전현상이 생긴 것이다. 사무직이나 서비스업에서는 자동화시스템으로 인력수요가 줄어들고 있지만, 건설현장직과 농업부문에서는 아직 무인화시스템의 진척이 느리고 인력수요가 많다. 반면 사무직 근로를 희망하는 대졸자들은 넘쳐나고, 현장 근로를 희망하는 사람은 드물어서 현장직 임금은 가파르게 오르고 있다. 변호사 초임급여보다 건설현장 일용직 초임노임이 더 높아졌다. 지원자는 적고 외국인근로자의 유입은 막혀 있기 때문이다.

아래 도표는 2015년 UN(국제연합)이 재정립하여 발표하였다고 인터넷에 알려진 연령 기준이다. 도표에서는 0~17세까지 미성년자, 18~65세까지 청년, 66~79세까지 중년, 80~99세까지 노년, 100세 이후는 장수노인으로 분류하고 있다. UN 산하 WHO(세계보건기구) 관계자는 '사실이 아니다'라고 부인했지만 중요한 것은 이런 분류가 인터넷에서 대중으로부터 광범위한 지지를 받고 있다는 점이다.

최장수국 일본에서는 자신의 실질적 나이를 측정할 때 현재 나이에 0.7을 곱하여 계산하기도 한다고 한다. 예를 들면 나이가 55세이면 55×0.7=38.5세가 새로운 연령기준에 의한 자신의 생활나이 또는 직장나이가 된다. 우리의 미래 정년인 80세를 일본식으로 환산하면 80×0.7=56세에 불과하다. 내가 퇴사 직후 잠시 근무한 법무 사무실에서는 60세 넘은 분들이 40대처럼 열정적으로 일하고 있었고 어떤 능력의 부족함도 없어 보였다. 사람은 보수를 많이 받는 일자리에만 삶의 가치와 보람을 느끼는 것은 아니었다.

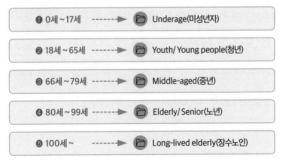

UN이 발표한 새로운 연령구분

UN에서 세계 인류의 체질과 평균수명을 측정하여 연령 분류의 새로운 표준 규정을 5단계로 나누어 발표했습니다.

- ❶ 0세~17세 ------▶ 📁 Underage(미성년자)
- ❷ 18세~65세 ------▶ 📁 Youth/ Young people(청년)
- ❸ 66세~79세 ------▶ 📁 Middle-aged(중년)
- ❹ 80세~99세 ------▶ 📁 Elderly/ Senior(노년)
- ❺ 100세~ ------▶ 📁 Long-lived elderly(장수노인)

UN 발표 연령구분

출처 : SNS

급증하는 노인,
빈곤과 파산

    노인은 더 많아지고 더 가난하고 더 고독해지고 있다. 2021년 1월 우리나라 통계청이 발표한 65세 이상 고령인구는 16.5%이고, 2025년에는 우리도 고령자가 전체 인구의 20%를 넘어서는 초고령사회가 된다. 고령화가 우리나라보다 20년 정도 빠른 일본은 고령자 비율이 이미 인구의 30%를 넘어섰다. 일본은 수감자들의 고령화로 노역을 시키는 것이 곤란해지자 징역형과 금고형을 나누었던 수감제도를 금고형으로 통합하였다. 강제노역 대신 재활훈련을 시키는 것인데 수감자들이 너무 늙었기 때문이다.

    2020년 기준 우리나라 65세 이상 고령인구 비중은 전체의 15.7%이고, 20%를 초과한 곳은 전남(23.1%), 경북(20.7%), 전북(20.6%), 강원(20.0%) 순이다. 이들 중 혼자 사는 독거노인의 수는 전체 노인 중

늘어나는 고령자 1인 가구 (단위 : 가구)

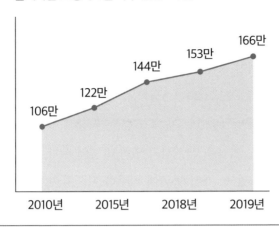

106만
122만
144만
153만
166만

2010년   2015년   2018년   2019년

고령자 1인 가구 증가추이
출처 : 통계청

에서 약 20%를 차지하는데, 최근 5년 사이 독거노인의 수는 30.9%
가 증가하였다(2016년 127.5만에서 2021년 167만 명). 또한 부양가족
이 없는 고독사로 사망하는 노인의 수가 2015년 666명에서 2020년
1,331명으로 약 2배 가까이 급증했다.

한국의 노인빈곤율은 2018년 기준 43.4%로 OECD 평균(14.8%)
의 약 3배에 달한다. 주요 5개국(G5)인 미국(23.1%)과 일본(19.6%),
영국(14.9%), 독일(10.2%), 프랑스(4.1%)보다 압도적으로 높다. 서방
은 고령화 사회에서 60세 이상 인구가 20%가 넘는 초고령화 사회로
가는 데 평균 100년 가까이 걸렸지만, 한국은 26년 정도 소요될 것으
로 예상되어 그 속도가 세계 최고 수준이다.

하지만 노인을 위한 사회안전망은 허술하고 언제 빈곤층으로 추락

할지 모르는 공포를 느끼고 있다. 종전의 '교육-직장-60세 은퇴'라는 3단계 생애 플랜으로는 노후는 가난할 수밖에 없다. 정년 이후 새로운 일자리가 없다면 많은 사람들이 '노인파산'으로 이어질 것이다. 새로운 삶의 방식이 절실히 필요한 시점이다.

통계청이 발표한 '2020년 5월 기준 경제활동인구 조사 고령층 부가조사 결과'에 따르면 55~79세 고령층 중 장래 일하기 원하는 비율은 67.4%이고, 이들은 73세까지 일하고 싶어 했다. 가장 큰 이유는 생활비 때문이었다. 특히 농촌에 거주하는 노인(79.9%)과 독거노인(78.2%)에게서 이러한 답변이 높았다.

베이비붐세대의 고령인구 진입으로 65세 이상의 노인인구는 해마다 70만 명씩 늘어나고 있다. 이들 고령자의 절반 가까이는 연금을 받지 못하고 연금을 받아도 충분치 못하다. 2021년 국민연금공단에 의하면 1인당 평균 수령연금은 월 55만 원 수준으로 최저생활비 정도였다. 국민연금제도가 1988년에 처음 시행되었고 그 이전에는 적립된 연금이 없기 때문이다.

통계상 노인의 경제력이 그나마 개선된 배경에는 신입노인으로 대규모 진입한 베이비붐세대의 영향이 크다. 2020년 조사에서 65세 이상으로 새롭게 포함된 1953년·1954년·1955년생은 총 173만 명으로, 전체 노인 중 21.3%를 차지하고 있다. 이들 세대는 고도성장기의 산업역군들이며 이전 노인세대와 달리 높은 학력수준과 가처분소득, 소비지출, 총자산 등이 많은 젊은 노인들이며 노인 취급받기를 거부한다. 베이비붐세대를 1955년생에서 75년생까지 확장하면 인구수가 총 1,700만 명에 달해서 향후에는 우리나라도 시니어천국이 된다.

나이가 들수록
자살률은 올라간다

다음 그래프는 2000~2019년 사이의 통계청 자살률 통계이다. 여성의 경우 연령대별 편차가 심하지 않게 분포되어 있으나 남성의 경우 나이가 들수록 자살률이 올라가서 70세 이상에서 최고치를 기록한다. 특히 남성노인의 자살률은 여성노인의 3.2배이다.

일반적으로 여성의 갱년기 증상이 언급되지만 실제로는 남성의 갱년기 증상이 더 깊고 심각하다. 주변에서 불면증 등 갱년기 장애를 호소하는 사람들은 주로 여성이지만 통계상 자살률은 40~50대 이후의 남성들이 압도적으로 높다. 이런 면에서 남성들은 강건해 보이지만 취약하고, 여성들은 취약해 보이지만 강건하다. 같은 연배의 노인이라도 여성노인은 가사노동이 크게 줄어들지 않고 농촌지역 노인은 일의 내용이 크게 달라지지 않는다.

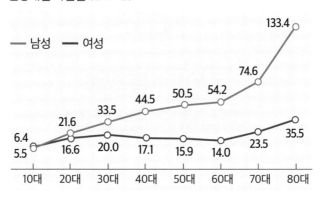

연령대별 자살률 (단위 : 명)

인구 10만 명당 명. 2019년 기준
출처 : 통계청

반면 도시노인의 경우 유급노동이 불가능해지고 역할의 변경이 요구됨에 따라 상대적으로 스트레스는 크게 상승한다.

여성들은 자신의 감정을 말로 표현할 줄 알고 대응이 유연하다. 반면 중년의 남성들은 그들 아버지 세대를 닮아 표현하는 것에 서툴다. 그들은 마음이 아프지만 말하지 못하고 술에 의지하거나 극단적 시도를 하게 된다. 같은 자살 시도를 해도 남성의 성공률이 여성보다 더 높다고 한다.

통쾌한 역전, 모루가 아니면
망치가 되어야 한다

　　50대 이후 남성들의 높은 자살률, 호감도 저하, 사회적 관심 저하
는 나쁜 징조들이다. 그러나 50~60대 남성들에게 희망이 모두 사라
진 것은 아니다. 희망은 남아 있다. 역사에서는 불리한 조건에서 강한
적을 누르고 통쾌한 승리를 거둔 전투 사례가 많다. 방법은 배움과 변
화를 통한 도전이다.

　　2021년 프로야구 오승환 선수는 마흔의 나이에 모든 젊은 투수들
을 누르고 구원투수 부문 1위를 차지하였다. 고졸신인의 경우 나이가
19세이니 야구선수로서 마흔은 할아버지이다. 그는 원래 강속구 투
수였으나 나이가 들면서 구속이 줄어들자 변화구 투수로 변신했다.
그의 슬라이더에 젊은 선수들이 헛방망이 돌리는 것을 보면서 솔개의
변신을 생각한다. 새 중에서 가장 장수하는 새 솔개는 태어난 지 40

년쯤 되었을 때 중대 결심을 한다고 한다. 솔개는 40년이 되면 발톱이 노화되고 부리는 길게 구부러져 사냥하기 어려워진다. 깃털은 두껍게 자라 날아오르기 힘들어진다. 이때 솔개는 고통을 무릅쓰고 지금까지 지켜온 부리, 발톱, 털을 차례로 뽑아내고 새로운 부리, 발톱, 털을 갖게 되는데 이렇게 다시 태어난 솔개는 30년을 더 산다.

100세 시대에 우리도 여러 번의 시작과 여러 번의 은퇴가 필요하다. 궁즉통(窮則通), 극단의 상황에 이르면 해결할 방법도 생기는 것이다. 어떤 사건은 기존의 것을 철저히 망가뜨리는 것과 동시에 새로운 기회를 제공하기도 한다.

전반전 30년의 삶은 20대에서의 생각이 결정하고, 퇴직 후 30년의 삶은 퇴직 당시의 생각에서 출발된다. 인간은 큰 변화 앞에서 도망가거나 맞서거나 선택의 기로에 서게 된다. 패자는 상황을 애써 외면하고 회피하면서 아무 일도 하지 않는다. 승자는 그 상황을 인정하고, '어~ 재미있어졌네' 하고 상황을 즐긴다고 한다. 시인 롱펠로는 "사람은 이 세상의 모루가 아니면 망치"라고 했다. 시인의 말처럼 중년 이후는 모루가 아니라면 망치가 되어야 할 운명이다.

혹독한 노동은 줄고
수명은 고무줄처럼 늘고

'기대여명'은 해당 연도의 출생자가 향후 생존할 것으로 기대되는 평균 생존연수를 의미하고, '평균수명'은 자살이나 사고사 등을 포함하여 일정기간 동안 사망한 사람들의 평균적인 수명을 나타낸다. 인류의 평균수명이 크게 연장된 것은 항생물질인 페니실린이 발견됨에 따라 영유아 사망률이 저하되고, 청년층의 사망률이 낮아진 것이 이유이다.

1만~4만년 전 크로마뇽기 인간의 기대여명은 18세, 르네상스 시대에는 기대여명이 30세였다고 한다. 자료에 따라 차이가 있지만 조선시대 서민들의 평균수명은 35~40세, 1950년대 평균수명은 47~52세 정도로 알려져 있다. 해외 자료에 의하면 1950년 한국의 평균수명은 남자 46세, 여자 49세로 평균수명이 47.5세였다. 70년 동안에 수명이 무려 36년가량 늘어났다. 기아, 역병, 전쟁(폭력)은 오랫동안 인류에게 통제 불가능한 위험요소였고 최근에 와서야 극복되었다. 그 이전에는 이런 재앙이 한번 지나갈 때마다 인구의 20~25%씩 감소하는 것이 다반사였다.

《사피엔스》 저자 유발 하라리는 "현재 인류는 역사상 처음으로 너무 많이 먹어서 죽는 사람이 못 먹어서 죽는 사람보다 많고, 늙어서 죽는 사람이 전염병에 걸려 죽는 사람보다 많고, 자살하는 사람이 군인, 테러, 범죄자의 손에 죽는 사람보다 많다"고 했다. 14세기에는 흑사병으로 전체인구의 3분의 1인 2억 명이 사망하였고, 20세기에는 천연두로 3억 명이 사망하였다. 1차 세계대전 중에 발생한 스페인 독감은 세계 인구 17억 명 중 약 5억 명이 감염되었고, 사망자는 최소 1,700만에서 최대 5,000만 명으로 추정된다. 참고로 1차 세계대전의 사망자는 1,500만 명이며, 코로나 19로 지난 2년간 사망한 세계 인구는 공식적 통계로만 1,500만 명에 이른다.

전염병 이외에도 국제질병분류표 상에 등록된 질병은 모두 12,420개라고 한다. 얼마 전까지 인류의 15%는 폭력이나 전쟁으로 살해되었고 자연사나 병사로 죽는 확률은 85% 정도였다.

지금은 일자리가 없어서 고민이지만 우리 조부모세대에서 삶은 곧 중노동이었다. 기계의 도움이 전혀 없는 농사일은 모든 것을 근육의 힘으로 해결해야 하였고, 당시 노동 강도는 아주 끔찍했다. 과거와 비교하면 수명은 고무줄처럼 늘어나고, 혹독한 노동은 줄어들었지만 삶을 비관하여 스스로 목숨을 끊는 일은 많아졌으니 인류의 아이러니이다.

베이비붐세대에서
MZ세대까지

    각 세대별 특성을 살펴보자. 세대별 특성을 구분하고 유형화할 때 베이비붐세대(1955~1963년 출생)와 포스트 베이비붐세대(1964~1974년 출생)가 가장 많이 언급된다. 합산출산율 5~6명인 베이비붐세대는 9년간 한해 80만 명씩 태어났고 대략 740만 명 정도이다. 2020년도 한 해에 출생한 신생아 수가 27.2만 명과 비교하면 가히 그 출생규모가 짐작이 되는데, 이들은 현재 대부분 1차 직장에서 퇴직하였다.

    이제 포스트 베이비붐세대(1964년~1974년 출생)가 정년퇴직을 눈앞에 두고 있고, 향후 10년 이내에 베이비붐세대(1955~1963년 출생)가 차례대로 노년층으로 진입한다.

    포스트 베이비붐세대인 내가 초등학교에 입학할 무렵에는 한 반의 학생이 60명을 넘었고 그것도 교실이 모자라서 2부제 수업을 하였고, 동시에 건물을 증축하였다. 국가도 가난한 시절이라 입학하면서부터 6학년 졸업 때까지 미국에서 원조하는 식빵을 배급 형태로 받아먹었다. 이 시절 농촌 사람들은 식량을 아끼려고 하루 한 끼는 손국수나 감자, 고구마로 식사를 준비했다. 학창시절에 군사 쿠데타와 비상계엄령을 겪었고, 대학입학 후에는 민주화투쟁으로 6·29선언을 이끌어 냈다. 휴교 등으로 대학에서 제대로 공부한 적이 없었지만 졸업할 즈음에는 기업체 여기저기로부터 입사원서를 받아서 2~3군데 동시 합격을 하였다. 졸업생들의 고민은 어느 회사로 갈까 하는 것이었다. 입사 후에는 주6일제 근무에 일요일에도 가끔 출근하였으나 실상은 시간적 여유가 많았다. 휴대폰은 없었고 사무실 전화로만 업체나 고객들과 소통했어도 불편한 줄도 몰랐다. 나의 담당업무는 자동차사고 보상이었다. 당시는 교통사고로 사망하거나 중상을 입는 사람들이 부지기수였다. 고성장·고금리(7~10%)와 더불어 고위험의 시대를 살았고 각종 산업이 통째로 무너지는 IMF도 겪었다.

1995년경 회사에서 삐삐(호출기)가 지급되었으나 2~3년 후에 휴대폰으로 바로 교체되었다. 당시 휴대폰은 부의 상징이었기 때문에 모두들 기뻐했으나 이것이 장차 큰 골칫거리가 될 줄은 미처 생각지 못했다. 당시 회사선배들은 50세 무렵에 대부분 비자발적인 퇴직을 강요당했다.

세대를 구분할 때 표준적인 분류 기준이 있는 것은 아니지만 각 세대마다 소비성향, 정치적 성향이 뚜렷하여 나이대별 특징에 따라 다음과 같이 구분한다(위키백과 참조). 주목해야 할 세대는 밀레니얼 세대(Y세대)와 Z세대를 합친 MZ세대(1981~2010년생)이다.

X세대(1974~1980년 출생)

서방세계 최초의 부모세대보다 가난한 세대이다. 신세대를 일컫는 신조어이며 개인주의 성향에 다양한 특성을 지닌다.

Y세대(1981~1996년 출생)

밀레니얼세대, 청년 실업, 욜로(YOLO, You Only Live Once)를 대표적인 특징으로 꼽을 수 있다. 이 세대는 어렸을 땐 휴대폰이 없었으나 컴퓨터 디스크를 아는 세대로서 정보통신기술(IT) 활용이 뛰어나다.

Z세대(1997~2010년 출생)

디지털 네이티브(토착민)세대, 다양성 중시, 사물 인터넷을 대표적인 특징으로 꼽을 수 있다. 어려서부터 인터넷을 자연스럽게 접한 세대로서 Z세대들은 IT 기술에 익숙하고 스마트폰, SNS를 자유롭게 사용한다.

MZ세대(1981~2010년 출생)

1980년대와 1990년대 출생한 밀레니얼 세대(Y세대)와 2000년대 초반 출생한 Z세대를 합친 말이다. 메타버스 세상을 이끄는 주축으로 이들을 모르면 이들이 창출하는 미래시장을 놓친다.

간병살인과
청년 고독사

　인구 고령화와 출산율 감소로 MZ세대에게도 위기가 닥쳤다. 최근의 사회적 이슈는 부모를 돌보는 청년 간병인(영 케어러, Young Carer) 문제이다. 부모가 병들어 간병이 필요할 때 국가에서 전적으로 돌보지 못한다. 젊은 자녀들은 직장을 그만두고 간병인이 되어야 한다.

　21년 11월 10일 진실탐사그룹 〈셜록〉이 보도한 '22세 청년 간병인' 강도영(가명) 씨는 존속살해 혐의로 항소심에서 4년형을 선고받았다. 뇌출혈로 쓰러진 아버지(56세)를 진료비가 없어서 7개월 만에 퇴원시킨 후 집에다 두고 일주일간 영양분과 물을 제공치 않아 사망에 이르게 하여 '간병살인'이라고 불린다. 진료비가 없어서 빨리 퇴원했지만, 퇴원 후에도 아버지는 거동할 수 없어 24시간 누워 있었다. 당시 대학 휴학생이었던 강 씨는 돈이 떨어져 삼촌에게 쌀 구입비 2만 원을 빌려달라고 문자를 보내기도 했으나 결국 간병이 필요한 아버지를 그대로 두고 집을 나가 버리고 말았다.

국회 질의답변에서 기초생활수급자 중 25세 미만의 청년 간병인은 3~4만 명으로 보고되었으나 정부의 지원은 전혀 없었다. 즉, 부모가 쓰러지면 하나뿐인 자녀의 미래도 덩달아 위태롭다. 은퇴 후 건강관리는 본인은 물론 자녀를 위해서도 매우 중요하다.

2019년 통계청이 조사한 우리나라 사회적 고립도는 OECD평균(10%)보다 훨씬 높은 27.7%로 나타났고, 이 조사에서 청년들의 37%는 큰돈을 빌릴 곳이 없다고 했고, 15%는 몸이 아파도 집안일을 부탁할 사람이 없다고 답변했다. 요즘 청년들이 즐기는 배달음식의 주문빈도는 소외지수를 의미하기도 한다.

'2021 청년 고독사 보고서'에 따르면, 부패된 채 발견된 우리나라 고독사는 2020년 4,196건으로 일평균 11명이며, 2013년 대비 2.5배가 늘었다. 늘어나는 1인 가구와 취업난으로 그동안 노령층의 전유물이었던 고독사가 2030 청년들에게도 많이 발생하고 있는데, 서울시에선 30대 이하 청년 고독사 비율이 약 10%를 차지했다. 기회와 부의 불평등, 계층이동 사다리 붕괴, 부의 대물림 속에서 청년들은 기울어진 운동장에서 힘겨운 싸움을 하는 처지가 되었고 100세 시대의 어두운 그림자가 되었다.

비훈非婚과
황혼이혼

우리나라 이혼율이 일본을 누르고 아시아 1위, 세계 17위라고 한다. 이 중에서 결혼 20년 이상의 황혼이혼 비중이 37%로 매우 높다. 2020년 기준 우리나라 혼자 사는 가구는 32%이며 노인은 5명 중에서 1명이 혼자 산다. 70세 이상 혼자 사는 노인 중 78%는 여성이라는 점도 주목할 만하다.

이혼율 증가로 한 부모 가정이 늘고 있는 것은 세계적 추세이다. 아프리카와 중남미의 한 부모 가정비율은 30%, 미국은 28%, 유럽은 20%, 아시아는 약 15%인데, 국가를 막론하고 한 부모 가정의 가장은 대부분 여성이다. 결국 혼자 사는 노인이나 한 부모 가정의 문제는 여성의 문제로 귀결된다. 이런 이혼과 비혼(非婚), 싱글 증가추세는 일본이 이미 겪고 있는 일이기도 하다. 1970년대 일본의 50대 이상 남성의 비혼 비율은 50명 중에서 1명이었으나 현재는 4명 중 1명이고, 여성의 경우는 1970년대 33명 중 1명에서 현재는 7명 중에서 1명으로 증가하였다(《뉴 롱 라이프》비혼 통계 참고).

　요즘 비혼과 황혼이혼의 장점이 과장되곤 한다. 많은 사람들이 비혼이나 싱글을 자유와 동의어로 생각하고 '돌싱'이란 잃어버린 자유를 되찾은 사람처럼 이야기하기도 한다. 그러나 결혼은 필요에 의해 생긴, 효율성 높은 인류의 문화유산이지 서로를 묶는 족쇄는 아니다. 혼자 살면 정말로 더 자유로운지는 따져 봐야 한다. 동호회에서 만난 미혼여성 중에 50대 동갑내기가 있었다. 항상 바쁜 거 같아서 이유를 물어보니, 혼자 사니까 더 바쁘다고 한다. 둘이 사나 혼자 사나 집안일은 비슷한데 혼자서 청소, 빨래, 식사준비, 설거지 등을 하려니까 돌아서면 일거리가 생기는 것이다. 반면 둘이서 집안일을 나누어 한다면 반나절에 일이 끝나고 오후에는 휴식할 수 있다.

　즉 둘이 살면서 역할분담을 하면 더 많은 자유시간이 생긴다. 싱글로 사는 것을 자유인이라고 생각하는 사람들이 있지만, 마음만 맞으면 결혼처럼 서로 윈윈(Win-Win)하는 거래도 드물다. 유튜브에서 어느 돌싱 여성이 한 말이 메아리처럼 남는다. "유부녀는 시간이 많아서 남자들을 만나고 바람도 피우지만 돌싱들은 직장 다니고 아이 돌보고 너무 바빠서 남자 만날 시간도 없다"고 억울함을 호소했다.

　더구나 현대인들은 스트레스로 인해 뇌출혈이나 심장마비로 인해 응급상태에 빠지기도 한다. 이때 빨리 발견되는 것이 생사를 가르는데 집안에 가족이 없으면 돌연사를 하게 된다. 일전에 어느 싱글여성으로부터 들은 이야기가 있다. 일을 마치고 머리가 아파 귀가하려고 했는데 일행 중 한 명이 '차 한잔 마시자'고 해서 따라갔다가 커피숍에서 의식을 잃었다고 한다. 이후 바로 119로 후송되어 뇌출혈도 후유증 없이 치료가 되었다는 것이다. 커피 한잔하자는 지인 덕분에 살았지만 그냥 집에 혼자 갔더라면 어떻게 되었을까 생각하면 아찔하다고 한다. 심리학자 로라 카스텐슨의 《길고 멋진 미래》에서는 결혼은 법적 육체적 결합인 동시에 사회적 경제적 결합이며 그 이득은 수명의 연장으로 이어진다고 한다. 미국의 경우 기혼남성은 독신남성보다 평균수명이 3년 정도 연장되고, 기혼여성은 결혼 상태에 따라서, 남성이 주는 혜택에 따라서 수명이 더 연장된다고 한다.

한국농촌경제연구원의 '2021년 가구의 가공식품 소비지출 변화와 특징' 보고서에 따르면 1인 가구는 2인 이상 가구보다 기타식품, 커피 및 차, 주류가 차지하는 비중이 상대적으로 높아 섭취하는 식품에서도 차이가 있었다. 100세 시대에 50~60대 싱글은 혼자서 갈 길이 너무 멀다는 생각이다. 어떤 이들은 농담 반 진담 반으로 100세 시대에 두 번 정도는 결혼해야 한다고도 한다. 다음 장의 그래프는 최근 줄어드는 혼인 건수를 보여 준다.

과거 5년간 혼인 건수도 20% 감소하였고 결혼을 해도 신혼부부 2쌍 중 한 쌍은 아이 낳기를 포기하고 있다. 2020년 우리나라 합산출산율은 0.84명으로 세계 최저 기록을 경신하였다. 또한 출생아 100명 중 다문화가정의 출생아는 6명으로 역대 최고 기록이고, 출생아의 어머니 비중은 베트남(38.8%), 중국(17.7%), 필리핀(6%), 태국(4.2%) 순이었다.

2021년 12월 발표된 통계청 예측자료에 따르면, 한국의 총인구는

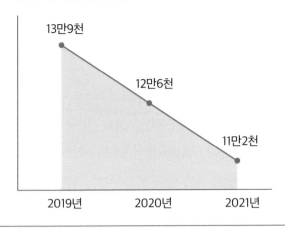

줄어드는 연간 혼인 건수 (단위 : 건)

13만9천

12만6천

11만2천

2019년 2020년 2021년

줄어드는 연간 혼인 건수

출처 : 통계청

2020년 5,184만 명을 정점으로 50년 후인 2070년경에는 27%가 감소한 3,766만 명이 된다. 지금의 추세라면 현재 3,730만 명인 생산연령인구가 10년 동안 350만 명이 줄어들고, 2070년엔 전체 생산연령 인구가 1,730만 명까지 감소된다. 다음 세대 인구가 줄어든다는 건 그만큼 그 세대가 부양해야 하는 사람(노인과 아이들)의 비율이 늘어난다는 점이다. 지금은 경제 연령인구 1명이 일해서 노인과 어린이 0.4명을 부양하는데, 올해 태어나는 아기는 50년 뒤에 노인과 어린이 1.2명을 부양해야 한다. 현재와 비교하면 부양의무가 3배나 늘어나는 셈이다.

연도	1950~1966	1967~1973	1974~1977	1978~1983	1984~2001	2002~2020
출산율(명)	6.3~5.0	4.8~4.1	3.8~3.0	2.9~2.1	1.7~1.3	1.3~0.84

연도별 합계출산율

출처 : 통계청

　통계청 자료에 따르면 1950년대 합계출산율은 6.3명이었고 2020년 기준 합계출산율은 0.84명이다(2021년 기준 0.81명). 부모가 병들어 간병이 필요한 경우, 예전에는 6.3명의 자녀가 번갈아 돌봤지만 이제는 혼자(0.84명)서 모든 일을 접고 부모님을 돌봐야 한다. 역산하면 지난 70년간 자녀의 부모 부양의무는 7배나 무거워졌다. 오늘날 부모 간병살인이라는 말이 나온 배경이기도 하다.

　2020년에는 사상 처음으로 인구의 자연감소가 이루어졌다. 수명 연장으로 현재 청년들이 60세가 될 무렵에는 90세 부모들이 모두 살아 있고 함께 부양할 형제가 아예 없거나 한 사람 정도밖에 없다는 것을 예상할 수 있다. 결과적으로 우리의 노후는 우리가 책임져야 한다. 동일한 조건에서 인구가 1% 줄면 GDP도 1% 감소한다.

　인구학자들에 의하면, 경제 성장에 따라 출산율과 사망률이 동시에 감소하는 인구변천의 시기를 겪는다고 한다. 적게 태어나고 적게 죽는 선진국형 인구유형이 되는 것이다. 다만 선진국 국민이라고 해도 수명이 똑같이 늘어나는 것은 아니다. 미국 인구의 소득상위 1%와 하위 1%의 수명격차는 남성이 15년, 여성이 10년이다. 이 격차는 지속적으로 확대되고 있다.

YO Young Old 세대의
전성시대

내가 보험회사에 입사하여 보상업무를 시작한 1992년에는 자동차
보험 약관상 가동연한(일을 할 수 있는 나이)은 55세였다. 내가 퇴직할
무렵인 2020년에는 육체노동자 가동연한이 65세로 늘어났다. 약 30
년 동안 약관상 가동연한은 10년 늘어났고, 남녀 평균수명은 17.3세
가 늘어났다. 지금도 평균수명은 매년 0.5~0.6년씩 늘어나고 있어서
우리는 한 세대 동안 평균수명이 무려 30년 이상 늘어나는 최고의 시
대, 평화의 시대에 살아가고 있다.

인류는 역사상 최초로 5세 미만의 인구보다 65세 이상의 인구가
더 많은 세상에 살고 있고, 2050년에는 6명 중 1명이 65세이고, 중
국의 경우 65세 이상 인구가 4억3,800명을 웃돌아 현재 미국 인구
(3.3억)를 추월할 것으로 예상된다. 2070년경에는 우리나라도 65세

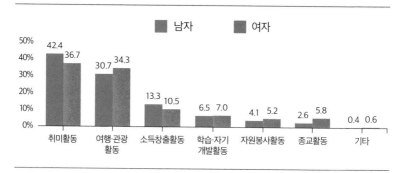

노후를 보내고 싶은 방법
출처 : 통계청 2021년 사회조사

이상 고령인구 비중이 15~64세 생산연령인구 비중을 넘길 것으로 전망됐다.

이제 60~70세는 더 이상 노인이 아니어서 나이에 대한 새로운 접근이 필요하다. 인터넷에 떠도는 UN 자료처럼 79세까지는 장년이라고 할 수 있는데, 이들의 육체는 건강하고 정신은 총명하다. 미국 시카고대학의 저명한 심리학 교수인 버니스 뉴가튼은 55세를 기점으로 75세까지를 영 올드(Young Old, YO세대)로 구분하였고, 이들을 진짜 노인(Oldest-Old, 80세 이상)과 구분하였다. 일본에서는 YO세대를 액티브 시니어(Active Senior)라고 부르는데, 신(新)중년으로 해석되고 타인의 돌봄이 필요 없는 세대이다. YO세대는 육체적으로 젊고, 돈과 시간이 넉넉하여 뒷방으로 물러나 여생을 보내는 과거의 노인세대와는 완전 다르다. YO세대의 특징은 다음과 같다.

YO세대의 특징

- 1차 은퇴를 인생의 황혼기라고 생각지 않고 새로운 시작으로 본다.
- 풍부한 경험과 자산의 소유자들이 많고 독립적이다.
- 행복을 더 이상 미루지 않고 합리적인 소비를 한다.
- 자신의 외모와 건강에 돈을 아끼지 않는다.
- 다른 세대와 교류도 하고 스스로 노인이라고 생각지 않는다.
- 자녀들에게 의존하거나 상속을 보류하고 스스로 노후를 준비한다.

고령화와 청년인구 감소시대에 YO세대는 한국경제의 새로운 활력이 될 수도 있다. 나이는 숫자에 불과하다는 말이 있다. 나이로 누군가를 속단하거나 규정해서는 안 된다. 평가되는 나이는 동일할지라도 바라보는 시각에 따라 천차만별이다. 사회가 바라보는 사회적 나이, 본인이 느끼는 주관적인 나이, 일상생활 역할에 따른 생활 나이 등은 각각 다르다.

노화현상에서 유전적 요인이 미치는 영향력은 3분의 1정도라고 한다. 노화의 진행은 개인의 행동, 환경, 생각에 따라 다르고, 어휘력 등 어떤 재능은 50대에 가장 피크이다. 또 장기기억에 해당되는 정서기억이나 절차기억은 오히려 나이가 들수록 강점이 있다.

65세 청년이 될지, 65세 노인이 될지는 선택하는 사람의 마음에 달려 있다.

통곡의 계곡,
추락하느냐 반등하느냐

노인의 뇌세포는 조금씩 죽어간다고 알려져 있다. 하지만 신경가소성(뇌가소성) 이론에 따르면, 두뇌도 근육과 같아서 반복적으로 사용하고 훈련하면 작동하는 방식이 변한다고 한다. 신경가소성 이론은 1949년 도널드 헵이 제시한 이론으로 학습 과정에서 활성을 유도하는 신경세포끼리 더 강력하게 연결된다는 것이다. 우리 뇌는 약 1,000억 개의 신경세포와 각 신경세포마다 1,000여 개 이상의 시냅스를 가지고 있는 아주 복잡한 신체기관이다. 이런 구조 덕분에 몰입이나 집중 시에 우리의 뇌는 기대이상의 성과와 놀라운 잠재력을 발휘하기도 한다. 또한 뇌는 평생에 걸쳐 변화한다는 사실이 밝혀졌다. 실제 우리 주변에는 70대 고령에도 불구하고 놀라운 근육을 가진 분도 있고, TV 〈우리말 겨루기〉 시합에 출전하여 젊은 영재들을 물리치고 우승을 한 노인분도 있다.

　몸도 뇌도 가꾸기 나름이다. 노인들 중에는 나이에 어울리지 않게 민첩성과 활력을 가진 분들도 있다. 과학적 연구결과에 따르면 개인능력이나 생산성은 연령과 무관하고 나이보다는 개인의 특성에 달려 있다고 한다. 법(法)에서도 '고용상 연령차별금지 및 고령자 고용촉진에 관한 법률'이 존재한다. 하지만 우리 사회는 여전히 연령주의(Ageism)가 만연해 있다. 에이지즘은 나이에 차별을 두는 것으로 나이에 따른 고정관념이나 선입견을 가지며 나이 든 사람에 대한 편견, 노화나 늙음을 혐오하는 현상을 말한다. 연령차별이 가장 빈번하게 발생하는 영역은 노동시장이다.

　《인생은 왜 50부터 반등하는가?》를 쓴 미국 브루킹스연구소 수석연구원이자 언론인인 조너선 라우시는 과학적 연구와 사실에 근거해 새로운 관점으로 인생을 바라보았다. 그의 U자형 행복곡선 이론에 따르면, 사람의 행복곡선은 U자형으로 50세부터 바닥을 찍고 올라간다. 즉, 행복지수는 유년기 고점에서 출발하여 하향하다 20~30대에 최저점을 찍었다가 다시 반등을 해서 60대 이후 최고점으로 옮겨간다는 것이다. 사람은 60대부터 불안과 비교, 스트레스 등 부정적 심리가 줄어들고 행복도가 올라간다. 따라서 제3기 인생을 우리 생애 최고 전성기로 만들 수도 있다.

　'야구는 9회말 투아웃부터'라고 한다. 지고 있다고 쉽게 포기할 것은 아니다. 혹자는 50세 이후의 하강을 '통곡의 계곡'이라고 부르는데, 은퇴 후 잘못 쉬어 가다가는 달려오던 탄력을 잃어버리고 그대로

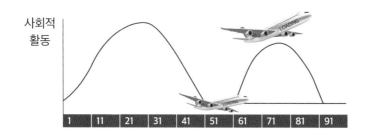

새들러의 현실돌파형(2000)
(비행장에 내린 후 열정 세대〈Hot Age〉을 향해 재비상)

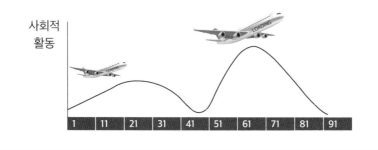

새들러의 강점활용형(2000)
(비행장에 내리지 않고 자신의 강점을 활용하여 인생정점으로 비상)

출처 : 2021년 생애설계 컨설팅 전문가과정(고용노동부, 전국고용서비스협회)

추락하기도 하기 때문이다.

U자형 행복곡선은 가만히 있는 사람에게 오지 않는다. 50~60대는 법적으로 사회적으로 은퇴의 시기에 근접해 가지만 능력이나 열정 면에서 인생의 한가운데 위치해 있기에 비상(飛翔)하는 힘이 필요하다.

선진국 노인의 경우에는 전성기로 알려진 그들의 20대보다 행복도가 더 높다는 연구결과가 자주 발표된다. 고령이 일과 건강, 사랑과 친구, 부와 행복을 무조건 빼앗아 갈 것이라는 통념을 벗어나야 한다. 아직 변화의 가능성은 열려 있기 때문이다.

앞장의 그림은 미국 사회철학자 새들러가 제시한 나이와 사회적 활동 정도를 보여 준다. 새들러 박사는 인생을 비행기에 비유하고 중년기 이후 새로운 삶의 시나리오는 비행장에 내려 안전벨트를 푸는 것이 아니라 다시 비행하는 것이라고 했다. 그림에서 보듯이 잘 준비된 YO세대(55~75세)의 전성기는 65세 이후이다. 새들러 박사는 현실 돌파형과 강점활용형으로 역전 드라마를 펼쳐볼 수 있다고 보았다. 그는 은퇴 후의 삶을 열정 세대(Hot Age)라고 규정하였고, 이들은 일과 건강을 유지하며 본인이 원하는 삶, 돈과 명예가 아닌 내면의 삶을 살며, 많은 사람들과 교류하고 죽음에 대한 준비도 되어 있다고 했다.

AI와 컴퓨터의 발전으로 고령자는 예전처럼 지혜의 보고나 도서관 역할을 할 수 없다. '나무는 꽃을 버려야 열매를 맺고 강물은 강을 버려야 바다에 이른다'는 불교 경전의 말처럼 아집을 버리고 시대 흐름에 따라 진화해 나가지 않으면 젖은 낙엽처럼 소리 없이 밟히고 만다. 행복한 열정 세대(Hot Age)를 꿈꾸는 50대 중년은 창의와 도전으로 '통곡의 계곡'을 건너야 한다.

100세 시대 라이프 시프트,
우리들 전성기는 오지 않았다

　희망적인 것은 기대수명, 평균수명과 더불어 건강수명도 늘어나고 있다. 단순히 늙은 상태로 오래 사는 것이 아니라 노화가 늦어지면서 사망시점도 늦추어진다는 것이다.

　2019년 한국인 평균수명이 83.3세일 때 건강수명은 73.1세라는 WHO통계가 있다. 이는 마지막 10년 동안 여러 가지 노인질환에 시달린다는 의미이다. 한국인이 주관적으로 평가하는 건강수명은 69세인데 남녀 모두 10년 정도의 병치레를 하는 것으로 나타났다.

　사람의 건강이 나이에 비례하여 서서히 나빠지는 것은 아니다. 대체로 사망 2년 전까지는 일상생활에 문제가 없고 마지막 2년 정도에는 타인의 도움을 받아야 하는 것이 일반적인 노화과정이다. 최근 의술의 발달로 고령자들은 기존의 만성 질환에서 하나씩 해방되고 있

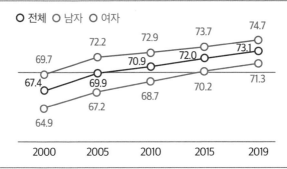

건강수명(2000~2019년)

출처 : WHO 〈세계보건통계(World Health Statistics)〉

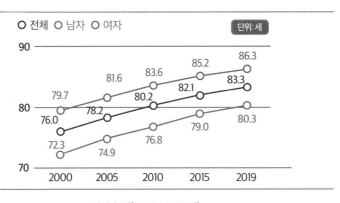

기대수명(2000~2019년)

출처 : 통계청 〈생명표〉

다. 오늘날 중장년들은 100세 시대 라이프 시프트로 이전 세대가 준비하지 않았던, 새로운 재원과 플랜을 마련해야 한다. 그렇지 못하면 자녀에게 큰 짐이 되고 만다.

평균수명보다 현실적인 수명지표로 사용되는 '최빈사망연령'이 있다. 이는 해당년도 사망 빈도가 가장 높은 연령을 말한다. 한국은

2020년에 90세를 넘었고 2030년 96세, 2050년에는 106세로 예측된다. 요즘 부고장을 받고서 망인의 나이를 물어보면 대다수가 90세 전후라고 답한다.

최빈사망연령을 기준으로 판단하건데, 지금 60세의 은퇴자가 100세까지 산다고 하면 향후 생존기간은 40년이 남았다. 40년을 시간으로 계산하면 40년×365일×24시간=350,400시간이다. 여기서 수면시간 8시간 제외하고 계산하면 총 233,600시간이다. 남겨진 23만 시간은 '1만 시간의 법칙'에 따라 뭔가를 시도하기에도 충분하고 인생을 즐기기에도 충분한 시간이다. 바쁜 청년기와 비교하면 인생 후반기의 하루는 훨씬 더 길고 오로지 나만을 위한 시간으로 사용할 수 있다.

신체 일부를 재생하는 기술 또한 나날이 발전하고 있고, 새로운 시대가 도래하고 있다. 일부 계층의 경우에 노화를 늦추거나 방지하는 의학기술의 혜택을 볼 수 있다면 위의 계산은 최소한의 시간이고 건강나이 130세에 기대수명 150세도 상상할 수 있는 시대가 되었다.

우리 사회에는 60세 은퇴 이후의 삶을 돕는 사회적 플랜이 없다시피 하다. 아직 우리들 전성기는 오지 않았다. 내일이 의미 있으려면 오늘 계획이 있어야 하고, 100세 시대가 축복이 되려면 지금 청사진이 있어야 하고 인위적인 라이프 시프트가 있어야 한다.

2장

생애설계 7대 영역과
리스크 관리

삶의 질
핵심지표

의식주 등 먹고사는 재무적 문제를 준비하는 것이 '생계설계'라고 한다면 소명의식과 철학, 여가와 건강 등 비재무적 문제를 포함한 것이 '생애설계'라고 할 수 있다. 생애설계의 문제를 종합하면 돈과 일, 건강과 사회적 관계에 관한 문제이다.

통계청 통계개발원(SRI)은 국내 상황과 국제적 웰빙 측정 동향을 고려하여 삶의 질을 측정하는 핵심지표를 개발하고 2014년부터 지표 측정결과를 매년 홈페이지에 올리고 있다.

다음은 〈2020년, 국민 삶의 질 지표〉는 중요하다고 생각되는 10개 핵심영역에 대한 설문조사 결과이다. 고용 · 임금, 건강, 주거, 소득 · 소비 · 자산 순으로 중요도가 높게 나타났고 그 다음은 가족 · 공동체, 안전, 환경, 교육 순으로 관심이 반영되었다.

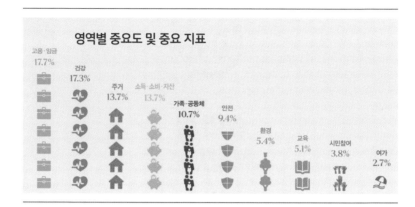

국민 삶의 질 지표(2020년)

출처 : 통계청 통계개발원

세부 지표의 연도별 추이

세부 지표별 추이를 보면, 2020년 기준으로 근로시간과 안전사고 등은 줄었고, 전반적 삶의 만족도는 6.1%(2018년)에서 6.0%(2019년)로 다소 하락하였다. 기타 항목은 아래와 같다.

▶ 1인당 실질국민총소득

　3,531만원(2018년) → 3,528만원(2019년), 3만 원 감소

▶ 인구 10만 명당 자살률

　26.6명(2018년) → 26.9명(2019년), 0.3명 증가

▶ 인구 10만 명당 가해에 의한 사망률

　1.8명(2000년대 초) → 0.7명(2019년)

▶ 신체적·정신적 위급상황에서 도움받을 사람이 없음

　28.1%(2017년) → 27.7%(2019년)

생애설계 7대 영역과
최소량의 법칙

'국민 삶의 질 핵심지표 10개 영역' 중에서 국가의 몫인 안전과 환경, 교육을 제외한 나머지 '생애설계 7대 영역'은 개인이 준비할 몫이다. 생애설계 7대 영역은 ① 재무 ② 건강 ③ 가족 ④ 직업(일) ⑤ 사회적 관계(사회참여) ⑥ 여가 ⑦ 봉사활동이다.

50대 이상 은퇴자들은 설문조사에서 생애 7대 영역 중 재무와 건강을 가장 중요하게 생각했다. 하지만 생애설계 7대 영역은 한 부분도 포기할 수 없다. 삶의 가장 약한 고리가 삶의 전체 영역을 파괴한다는 최소량의 법칙(Law of Minimum)이 적용된다. 이 법칙은 다른 원소가 아무리 많이 주어져도 생육할 수 없고, 원소 가운데 가장 소량으로 존재하는 것이 식물의 생육을 지배한다는 법칙으로 1843년에 독일의 리비히가 주장하였다.

최소량의 법칙

우리나라는 건강한 노인에 대해서는 각종 수당과 복지제도가 있지만, 간병이 필요한 노인환자에 대한 정부의 지원은 인색하다. 65세 이후부터 노인장기요양보험법에 따라 요양 최고등급을 받아도 하루 최대 4시간만 요양보호 서비스를 받을 수 있다. 건강만 하다면 노령연금 이외에 공공근로 노인일자리 등으로 생활비 정도를 받을 수 있다. 하지만 중환자가 될 경우 자녀들에게 의지할 수밖에 없는 상황이고 사회적 기반이 없는 자녀들까지 삶의 극한으로 내몰리게 된다.

1948년 세계보건기구가 정의한 건강은 '단지 질병이 없거나 허약하지 않다는 것만을 말하는 것이 아니라 신체적으로나 정신적으로 그리고 사회적으로 온전히 안녕을 누리는 상태'이다. 1986년의 오타와 헌장에서는 건강을 '신체적 능력인 동시에 사회적, 개인적 자원임을 강조하는 적극적인 개념'이라고 정의하였다.

오래 살 수 있는 기쁨도 잠시, 인류가 처음 맞이한 고령화 사회에서 고령자들은 일자리를 원해도 구하기 어렵고 차별 또한 존재한다.

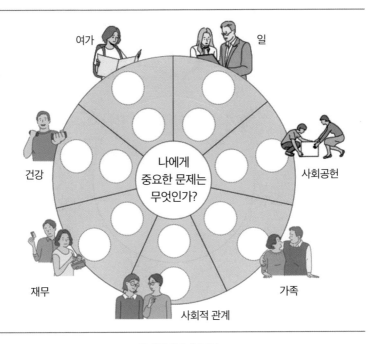

여가

일

건강

나에게
중요한 문제는
무엇인가?

사회공헌

재무

사회적 관계

가족

생애설계 7대 영역

출처 : 서울시50플러스재단

개인 능력이나 생산성은 연령과 무관하고 나이보다는 개인 특성에 달려 있지만 우리 사회는 연령주의(Ageism)가 만연해 있다. 오래 근무한 사람순으로, 연령순으로 퇴사를 시키면 정서적 반발도 최소화된다.

연령순으로 미리 나간다면 기업 입장에서 급여가 높은 인력을 감축시키는 효과가 있다. 그러나 당사자에게는 50대가 중요한 터닝 포인트가 되고 있다.

나의 생애설계
사명서

다음은 내가 작성해 본 나의 생애설계 사명서다. 참고하여 각자 생애주기 단계에 따라 본인의 직업, 재무 등 다양한 생활영역을 설계해 보자.

나의 생애설계 사명서 (2022. 5월 이동신)

사명	삶을 사랑하고 경험을 공유하기(더 좋은 일이 오고 있다)
일(직업)	날마다 학습하며 〈창업과 투자 스쿨〉에서 75세까지 강연하기
재무	연금 + 수익 파이프라인 + 근로소득 등 3가지 소득
사회공헌	받은 행복 되돌려주기, 물질과 마음으로 나누기
가족	매일 통화하고, 자주 만나고, 연 1회 이상 여행하기
사회적 관계	좋은 이웃을 소개하고 긍정적 에너지를 보태기

건강	자전거 타기, 검도 수련
여가	해외여행 연 1회
주거	서울근교 주택

(　　　　　) 생애설계 사명서

사명	
일(직업)	
재무	
사회공헌	
가족	
사회적 관계	
건강	
여가	
주거	

일과 직장,
소득과 행복

일과 직장

'삶이 무엇이냐?'는 질문에 프로이트는 "일과 사랑, 사랑과 일이 전부이다"라고 답했다. 일과 사랑, 그러니까 직장과 가정은 물리적으로나 정서적으로 연결되어 있다. 직장은 일터이자 어른들의 놀이터이다. 나의 직장은 유일한 수입원이었고 나의 몸을 지탱해 주는 척추와 같았다. 직장은 동료를 만나고 일을 통해 열정을 발휘하고 창의성을 이끌어내는 곳이며 더불어 상사와 부딪히고, 좌절과 분노가 생기는 곳이기도 하다. 아내를 만난 곳도 직장이었고, 불편한 상사를 만나 마음고생을 한 곳도 직장이었다. 휴일의 달콤함은 직장에서의 치열함에서 비롯되었고, 직장에서의 활력은 가정에서의 사랑에서 비롯되었다. 직장이 없다면 우리가 알고 있는 진정한 휴일도, 휴식도 없는 것이다.

집에서 행복한 날이면 직장에서도 웃음이 나왔고, 직장에서 인정받으면 귀가해서도 활기가 넘쳤다. 반대로 부정적인 감정은 출퇴근길을 따라 집에서 회사로, 회사에서 집으로 따라다녔다. 가정과 직장 그리고 나, 이렇게 셋은 오랫동안 한 몸이었다. 때로는 힘들게 때로는 즐겁게, 시계추처럼 가정과 직장을 오가는 사이에 나이가 들었고 아이들도 성장하였다. 그러나 어느 날 직장을 떠나면서 가족과 나만 남게 되었다. 내가 의지했던 기둥도, 내가 가진 능력도 모두 뿌리 채 뽑힌 느낌이었다.

퇴직 후에도 20~30년간 사회·경제적 활동이 필요하며 재무적 문제는 물론이고, 돈이 있어도 육체와 정신이 건강해지려면 해야 할 일이 있어야 한다. 회사선배들이 퇴직 2~3년 후에 회사를 방문하면 생각보다 노쇠해진 모습에 깜짝 놀라곤 하였다.

몇 년 전에 아파트 동호회에서 함께 테니스를 치던 선배님을 만난적이 있다. 그분은 방송사에서 예능국장으로 재직하다가 퇴직하였는데 자녀는 의사이고 본인 재산도 많았다. 선배님은 퇴직 후에도 자신의 상가 건물에서 혼자 식당을 하고 있었는데 그 사유를 말씀해 주셨다. 퇴직 후 처음 몇 달 동안은 오전 내내 테니스를 치고 놀아서 좋았는데 이내 회의를 느꼈고 사람 정신이 이상해지고 하루하루 보내기가 매우 힘들었다고 한다. 다음에는 기타를 배우기도 하고 한강으로 낚시를 다녔지만 그것도 혼자서 6개월하고 나니까 매우 우울해졌다고 한다. 급기야 선배님은 아내의 반대를 무릅쓰고 자기 건물에 세 든 식당을 내보내고 홀로 직접 식당을 운영하고 있다. 선배님은 평소 요리하기를 좋아하셨기 때문에 지금의 생활에 만족하신다고 했다.

'집을 비워두면 무너지고, 사람에게 일이 없으면 병들거나 빨리 늙는다'는 말이 있다. 뇌기능도 오래 놀면 쓸모가 없어져서 스스로 치매상태로 가려는 속성이 있다고 한다. 《백년을 살아보니》를 쓴 김형석 철학 교수는 강연에서 "노후에는 일이 있는 사람이 더 행복하다"고 하며 "노력하는 사람은 75세까지 성장이 가능하고, 인생에서 60세에서 75세가 가장 행복했다"고 회고하였다. 드라마 〈오징어게임〉에서 게임을 설계한 노인은 "큰 부자가 되어 뭐든 맘대로 할 수 있게 되니 사는 게 재미가 없어지더라"라고 하면서 잔인한 게임을 설계한 이유를 밝혔다. 고대 그리스의 철학자 에피쿠로스는 "풍요로움이란 우리가 소유하는 것이 아니라 우리가 향유하는 것으로 만들어진다"고 했다.

현재 일하고 있는 인력과 일하지 않는 인력은 자신의 건강 상태에 대한 인식 차이도 명확하였다. 중고령(45세 이상) 인력의 고용 상태별 자신의 건강 상태를 평가하는 '한국직업능력개발원의 패널조사'에서 일이 있는 임금근로자의 51.8%와 자영업자의 46.1%가 건강 상태가 좋은 편이라고 응답했다. 반면 현재 일을 하지 않는 응답자는 자신의 건강에 대해 22.2%만이 좋은 편이라고 응답하였다(중고령 인력의 건강 상태 고령화연구 패널조사 3차, 2010년).

노후의 삶에서 일이란, 최고의 자기표현이고 타자에 대한 공헌이다. 퇴직 후에도 종전과 같이 강도 높은 일을 하라는 의미는 아니다. 과도한 일은 자유를 빼앗아간다. 미국의 사회학자 데이비드 그레이버는 "오늘날 많은 사람이 '개똥같은 일'에서 벗어나지 못한다"고 불평했다. 2017년 갤럽 조사에 따르면 미국 노동자의 70%가 자기 일을 열심히 하지 않거나 적극적으로 게으름을 피우고, 50%만이 '일에서 정체성을 얻는다'고 하였다. 일 자체에 행·불행이 붙어 있는 것이 아니고 본인에게 알맞은 일을 알맞게 해야 행복하다.

소득과 행복

과거에 비하면 우리 경제력은 수십~수백 배 증가하였으나 행복지수는 오히려 낮아졌다. 우울증 등 정신질환으로 시달리는 사람들도 늘어났다. 최근에는 경제적인 측면을 넘어 삶의 질 개선과 행복의 추구가 주된 관심사가 되었다. 인간의 욕망은 하나가 충족되면 더 높은 것을 기대한다. 인간의 행복이란 기대치에 좌우되는데 형편이 좋아지면 같은 유형에 대해 기대치가 더 올라간다. 인간은 새로운 것에 대해서는 호기심을 보이고 새로운 일을 통해서 자신을 재발견한다.

　다음은 생명보험사에서 컨설턴트로 일하는 후배에게서 들은 이야기이다. 테니스 클럽에 60대 초반의 회원이 있는데 육군 중령으로 은퇴하고 나서 지금은 택시운전을 한다고 했다. 그분은 계급정년으로 퇴직 후 신도시에 아파트를 분양받았고, 퇴직연금도 있어서 취미 삼아 택시운전을 하는데, 너무 재미있고 행복해 한다는 이야기이다. 같은 일을 하고 있어도 각자의 처지에 따라서 행복 정도는 달라진다. 만약 이 분이 연금도, 자택도 없었다면 월수입 200만 원 정도의 택시운전에서 행복감을 느낄 수는 없다. 사회보장으로 퇴직연금제도가 있기는 하지만 2018년 국세통계연보 기준 퇴직금 1천만 원 이하가 76%

이고, 50대 평균 퇴직금은 2,650만원에 불과하였다.

소득과 행복 관련하여 이스털린의 역설이 있다. 미국의 경제사학자인 리처드 이스털린이 1974년에 주장한 개념으로, 소득이 일정 수준을 넘어 기본 욕구가 충족되면 소득이 증가해도 행복은 더 이상 증가하지 않는다는 이론이다. 로또에 당첨된 사람과 신체일부가 손상된 장애인의 행복지수를 비교한 해외연구 결과가 있었는데, 장기적으로는 후자(장애인)의 행복지수가 더 높았다고 한다. 추측컨대 사람은 환경에 적응하는 동물이고 로또에 우연히 당첨된 사람은 그의 자산이 계속 줄어드는 과정만 남았기 때문이다.

행복한 영혼을 위한 3대 영양소

몸이 생명을 유지하고 살아가기 위해서 세 가지의 영양소(탄수화물, 단백질, 지방)가 필요하듯이 행복에도 필요한 세 가지 필수요소가 있다. 서울대 심리학과 최인철 교수는 우리 영혼이 시들지 않도록 하는 3대 필요 영양소로 자유와 유능감, 관계를 꼽았다. 자유는 내가 하고 싶은 것을 하는 것이다. 유능감은 내가 잘 한다는 느낌을 갖는 것이다. 그리고 관계는 사람과의 좋은 관계를 갖는 것이며, 장기적인 관계 유지는 삶을 풍요롭게 한다.

내가 하기 싫은 일을 골라내라

일본의 저명한 경영 컨설턴트인 간다 마사노리는 《비상식적 성공법칙》에서 성공하기 위해 첫 번째 해야 할 것으로 '하기 싫은 일을 골라내라'고 말한다. 제2의 출발을 하는 이들에게 적절한 조언이다. 하기 싫은 일이 자주 나타나면 그만큼 동력을 잃게 되고 그 분야에서 경쟁자를 압도하거나 장애를 뛰어넘을 수 없다. 아무리 재능이 있다 해도 운 좋은 사람을 이길 수 없다고 한다. 운 좋은 사람에게는 강한 파동이 발산되고 그 발산의 원천은 하늘이 아니라 본인의 소양(소질)에서 분출된다. 운 좋은 부자들은 하기 싫은 일을 억지로 하지 않으며 돈을 벌기 위해서 그다지 노력하지 않는다. 하기 싫은 일을 해내는 것은 일에서 느끼는 신명이나 활력 에너지를 기대할 수 없기 때문이다. 성공한 부자들에게는 즐거움과 편안함, 미소가 느껴지고 함께 있는 것만으로도 그 에너지가 느껴진다.

은퇴 자금과
은퇴 후 수입

생애설계에서 가장 중요한 것은 양질의 삶이고 이를 위해 재무적 문제는 필수적 선결과제이다. 아래는 은퇴자들의 수입과 지출, 자산과 부채에 관한 내용으로 푸르덴셜생명 퇴직연금개발원에서 발급한 〈은퇴수첩〉을 참고하였다.

구분		내용	금액
필요 은퇴 자금	생활비	월 생활비×12개월×은퇴생활기간×120%	
	예비자금	월 생활비×3~6배	
	위험대비 자금	건강검진비, 치료비, 장기요양비 등 (보험으로 대체시 총보험료)	
	① 합계		

은퇴 후 수입	연금소득	4대 연금(국민, 퇴직, 개인, 주택)	
	금융소득	주식과 펀드, 채권(이자, 배당)	
	임대소득	부동산 임대	
	일자리소득		
	기타 소득		
	② 합계		
과부족 금액 : 필요 은퇴자금 − 은퇴 후 수입			

은퇴 자금과 수입

출처 : 푸르덴셜생명 퇴직연금개발원 〈은퇴수첩〉

① 생활비

은퇴 직전 생활비의 70~80%로 계산하고 연금, 일자리 소득 등 정기적 소득을 확보한다.

② 예비자금

은퇴 후 예기치 못한 일, 여행 경비, 가족축하 비용 등에 충당하기 위한 목돈 형태로 예비자금은 월 생활비의 3~6배가 적정하다.

③ 위험대비 자금

노년기의 의료비와 간병비 등 건강 관련 위험 대비 규모가 큰 경우에 보험으로 대비한다.

④ 은퇴생활기간

은퇴 시점과 기대수명을 예상하여 계산, 기대수명은 전체 평균수명보다 20% 더 가산한다.

▮ 자산의 재분배와 자산상태 점검

60세 이후 은퇴생활을 즐기기 위해서는 월급처럼 현금흐름이 충분하도록 자산을 재분배하고, 은퇴생활에 필요한 생활비, 예기치 못한 자금수요에 대비한 예비자금, 질병이나 사고에 대비하는 위험대비자금을 별도로 준비해야 한다.

▶ 부채의 비율

악성부채는 조기 상환한다. 60세 이후는 연금을 기본으로 근로소득, 금융소득은 늘리고 부채는 줄여야 한다.

▶ 현금성 자산의 비율

예비자금으로 사용하기 위한 현금성자산의 비율은 연령에 따라 상이한데, 50대에는 월 지출액의 5배, 60대 이상은 6배 정도가 적정하다.

▶ 금융자산의 비중

이자, 배당 등과 같은 정기적 금융소득을 발생시키는 금융자산은 일반적으로 총자산의 40% 이상을 유지하는 것이 바람직하다.

▶ 고위험 투자자산의 비율

주식, 주식형펀드, 파생상품 등에 투자한 자산은 30% 이하가 양호하며, 30~40%는 보통, 40% 이상은 위험하다고 할 수 있다.

▶ 투자자산의 적정수익률

3% 이상은 우수, 1~3%는 양호, 1% 이하는 과소하다고 할 수 있다.

② 꼭 지켜야 할 은퇴자금 재분배 원칙

▶ 정기적인 소득확보

필요 생활비는 연금, 수익형부동산, 月지급식 펀드 등으로 준비

▶ 분산투자

분산투자로 시중금리나 물가상승률보다 높은 수익률 추구

▶ 은퇴자금 별도 관리

다른 용도의 자금이나 예기치 못한 목돈이 필요한 경우 별도 관리

▶ 자산의 포트폴리오

금융자산으로는 예금, 연금, 보험, 주식/채권, 펀드 등이 있으며 현금 보유의 위험성과 투자 상품의 위험성을 제대로 알아야 안정적인 포트폴리오가 가능하다(8장 재테크 참조).

세 주머니론
(생계형, 트레이딩, 자산형성 주머니)

트러스톤자산운용연금포럼의 강창희 대표는 유튜브에 출연하여 노후 자산은 3종류로 나누어서 별도 관리하라고 한다. 강 대표는 우리가 꼭 갖춰야 할 3개의 주머니로 ① 생계형 주머니(매월 생활비) ② 트레이딩 주머니(주식 단기매매) ③ 자산형성 및 투자 주머니(퇴직연금, 저축성 자산(자본소득))을 꼽으며, 이들은 서로 섞이면 안 된다고 한다.

돈(자본)이 일해서 돈을 버는 자본소득도 있어야겠지만 본인의 근로소득이 있어야 균형이 맞다. 파이어(FIRE)는 경제적 자립(Financial Independence)과 조기은퇴(Retire Early)가 합쳐진 말이고, 파이어족은 정년까지 일해야 한다는 생각에서 벗어나 절약과 공격적인 투자를 통해 조기에 경제적 자립을 이루고 원하는 삶을 살아가려고 하는 사람들이다. 파이어(FIRE)족은 빠른 경제적 자립과 조기은퇴를 희망하지만 지나치게 성급하다. 2030세대의 1/4은 40~50대 이전에 일에서 은퇴하기를 희망한다. 우리나라 20대의 주식투자 회전율은 연 6,900%로 원금기준 년 69회를 돌린다. 퇴직 후에는 현역 시절처럼 일하지 않기 때문에 시간이 많고 노후 인생은 생각보다 길다. 저성장 시대에는 올해보다 내년이나 후년 경기가 더 나빠질 수도 있어서 자금계획에 따라 맞추어 사는 노력이 필요하다.

우리나라 50대의 평균자산은 5.1억 원, 부채는 1억 원으로 순자산은 4.1억 원이다. 이 중 집값이 3.5억이고 금융자산은 0.6억에 불과하다. 노령연금 수령자는 54% 정도이고 연금 수령액도 적다.

표에서 보듯이, 노후 수입원 비중에서 외국노인의 연금 의존도는 60~90%로서 우리나라의 17.4%에 비해 압도적으로 높다. 반면 2019년 기준 외국노인의 자녀 의존도는 1% 내외이고 우리의 자녀 의존도는 20.2% 수준이나 1980년대 72%에 비하면 크게 떨어지고 있다. (강창희 대표 유튜브 참고)

	한국		미국	일본	독일
	1980년	2019년			
자녀의 도움	72	20.2	0.7	1~2	0.4
공적 · 사적연금	0.8	17.4	60~70	60~70	80~90
기타	27	62.4	30~40	30~40	10~20

은퇴자금과 수입선진국의 노후 주요수입원(단위 %)
기타 : 정부보조금(26.7%), 배우자 소득(11.2%), 예적금(11.0%), 근로 활동(9.5%) 등
출처 : 2019년 고령자 통계, 강창희 대표

60대의 5대 은퇴 리스크
(평균 손실액 8,000만 원)

미래에셋은퇴연구소는 2017년 서울과 경기 및 6대 광역시에 사는 60대 남녀 581명을 설문조사해서 60대가 빠질 가능성이 있는 5대 리스크를 발표했다. ① 황혼이혼 ② 창업실패 ③ 성인자녀 부양 ④ 중대질병 ⑤ 금융사기가 그것이다. 이런 리스크로 평균 8,000만 원 손실이 발생하였고 황혼이혼과 중대질병이 60대에게 가장 큰 경제적 타격을 주었다. 또 미래에셋은퇴연구소는 응답자를 50대까지 넓혀 총 2011명을 조사한 결과 이들은 평균 59.3세까지 일하기를 희망했지만 실제 퇴직연령은 54세였다. 명예퇴직이나 본인 의사와 관계없는 비자발적 퇴직이 많았고, 응답자 중 퇴직금은 53%가 1억 원 미만이었다.

1 황혼이혼

이혼 재산분할과 위자료, 재판 비용 등이 노후자금에 가장 큰 타격을 줬다. 설문에서 60대에 이혼할 경우 평균 1억2천만 원의 재산이 감소하였다. 이혼 뒤 남은 재산은 대출금 6,600만 원을 포함해 9,000만 원 정도였고 실질적인 순재산은 2,400만 원에 불과하였다. 응답자의 절반이 이혼 후 생활비를 이전보다 절반 이상 줄였다.

2 창업실패

은퇴 후 창업 경험이 있는 60대 중 64%가 '휴업 혹은 폐업했다'고 답했다. 창업했다가 날린 투자금은 평균 7,400만 원이었다.

3 성인자녀 부양

통계청이 발표한 '2020 인구주택총조사 표본집계'에 따르면 부모 도움으로 사는 성인 캥거루족이 313만 명이고 30대의 미혼 비중은 42.5%로 역대 최고였다. 은퇴 후 성인자녀와 함께 사는 60대 응답자 중 63%가 자녀로부터 생활비를 받지 못하고 있었고 용돈까지 부모에게서 받고 있다는 응답도 13%에 달했다. 연애, 결혼, 출산을 포기한 '3포 세대'라고 놀림받던 청년들은 이제 인간관계, 내 집 마련을 포기하는 '5포족'이 되었고 나아가 꿈과 희망마저 포기하는 '7포 세대'가 되어 가고 있다.

조사에서 성인자녀의 결혼 비용 지출로 5,300만 원가량을 예상했고, 신혼부부들은 신혼집 마련에 평균 1.8억 원이 소요되었다. 그래도 자녀의 결혼비용 지출은 괜찮다. 처음부터 독립하지 못한 자녀, 독립 이후 이혼하거나 재정 문제로 되돌아오는 자녀, 사업자금을 요청하는 자녀 등은 50%의 부모들이 경험하는 고(高) 리스크라고 한다.

한편 보험개발원이 수도권과 광역시의 40~50대를 설문조사하여 발표한 '2020 KIDI 은퇴시장 리포트'에 따르면 은퇴 후 자녀의 교육비로 평균 6,989만 원, 자녀의 결혼비용으로 평균 1억194만 원의 지출이 예상되어 이를 합하면 약 1억7천만 원이 필요하다. 40~50세대가 예상하는 본인 퇴직급여는 평균 9,466만 원이었고, 노후에 필요한 최소 생활비는 부부평균 227만 원, 적정 생활비로는 부부평균 312만 원으로 조사되었다.

4 중대질병

60대 은퇴자 10명 중 3명(29%)은 50대 이후 자신이나 가족이 암, 심혈관질환, 뇌혈관질환 등 3대 중대 질병에 걸린 경험이 있었다. 중대질병에 쓰인 의료비는 1,000만~2,000만 원이 28%로 가장 많았다.

반면 전통적 의미의 가족 붕괴로 비혼 및 노부모 부양에 대한 자녀들의 책임의식은 크게 떨어지고 있어 질병보험이나 간병보험에 대한 필요성은 높아지고 있다.

5 금융사기

보이스피싱, 고수익투자 사기 등 응답자의 7.7%가 금융사기로 피해를 본 경험이 있다고 했고, 1억 원 이상 고액 피해가 전체 피해 사례의 32%나 됐다. 사기를 가장 많이 당하는 유형은 자신감이 넘치는 55~65세 남성들이라고 한다. 어느 정도 재산이 형성되어 있는 시기이고, 자기결정 권한이 있기 때문이다.

중·노년을 대상으로 하는 코인 관련한 금융사기는 4~5년째 똑같은 패턴이다. 1) 투자설명회를 통해 AI를 이용한 차익거래 등 검증이 어려운 수익모델을 설명하고 2) 투자금이 입금되면 단시간에 이를 배로 늘려서 돌려주고 3) 마지막에 주변 사람들을 최대로 끌어들이게 만든다. 사기란 누군가를 기망하여 부당한 이득을 취하는 것이고, 돈이 모이는 곳에는 사기꾼도 모인다. 특히 신기술과 관련된 비즈니스는 일반인이나 고령자들이 감별하기 어렵다. 사기에는 다음 3가지 유형이 있다. 첫째는 처음부터 사기 의도를 갖고 돈을 끌어 모으는 수익모델은 가짜이다. 둘째는 수익모델이 부실하거나 애초부터 사업의지가 미약한 경우로 초기에 무너진다. 마지막 유형은, 사기 의도는 없었으나 역량이 부족하거나 경쟁력이 없어서 애초의 약속을 지키지 못하는 경우이다. 초기 코인 시장에서 많은 암호화폐 공개(ICO)가 있었으나 원금 이상의 가치를 유지하는 회사는 극소수에 불과하다.

한번 사기당한 사람이 두 번 당하지 않을 것 같지만 사실은 여전히 만만한 먹잇감이다. 보통 사람들은 은행처럼 안정적인 곳보다 불확실한 상황에 더 이끌리고, 뻔한 결론보다 모험이나 리스크를 즐기는 경향이 있다. 그런 심리를 잘 아는 선수들은 교도소 안에서 징역을 살면서도 바깥에 있는 사람들을 상대로 금융사기를 칠 수 있다.

발생 확률로 본다면 자녀 리스크는 두 명 중 한 명이, 사기 리스크는 다섯 명 중 한 명이 당한다고 한다. 특히 사기는 피해자의 욕망을 자극하고, 유혹은 너무나 인간적인 방식으로 다가온다.

중장년에게
가장 좋은 보약

　중장년이 되면 육체가 보내는 신호에 유의해야 한다. 우리나라 5,000만 명 중 고혈압 환자는 1,200만 명, 당뇨병 환자는 200만 명이라고 한다. 최근 몇 년 사이에 내 또래 친구 세 명이 사망하였다. 모두 뇌졸중과 관련이 있었다. 흔히 중풍이라고 불리는 뇌졸중은 뇌에 혈액을 공급하는 혈관이 막히거나(뇌경색) 파열됨(뇌출혈)으로써 뇌가 부분적으로 손상되어 치명상을 입는 것이다. 쓰러지고 2시간 이내에 병원에 도착하면 큰 후유증 없이 치료가 가능하지만 사망한 친구들은 대부분 저녁에 술을 마시고 집에 돌아와 잠자던 중에 발생했다. 이상 징후가 있었겠지만 가족들은 술에 취한 탓으로 착각한다. 이런 일이 생길 때마다 나는 지인을 통해 평소에 혈압이 높았는지 혈압약을 잘 먹었는지 물어보곤 한다. 대답은 항상 비슷하다. 혈압약을 먹고는 있었지만 정기적으로 병원 가는 것을 미루기도 하고, 약 먹는 일을 잊어버리고 며칠씩 지나는 경우가 많았다고 했다.

생활이 바쁘고, 특히 술을 자주 마신다면 약 챙겨먹는 것을 잊기 일쑤이다. 외래환자 설문조사에서 만성질환을 가진 환자들 중 3분의 1은 정기적인 투약을 하지 못한다고 답했다. 주변에는 혈압수치가 높은데도 불구하고 한 번 먹으면 평생 먹어야 한다는 이유로 약 먹기를 꺼리는 친구들도 있다. 혈압이 높으면 뇌졸중 이외에도 심근경색 등 심혈관질환에 노출되어 어느 날 갑자기 돌연사할 수 있다. 고혈압 약은 먹지 않아도 당장 문제가 생기지 않는다. 그러나 방심하고 있는 날, 도둑처럼 조용히 다가와서 생명을 앗아간다. 작은 약 한 알, 아침에 먹으면 이것보다 더 큰 보약이 없다. 고혈압이 자객처럼 조용히 다가오는 날, 투약은 든든한 경호원이 된다.

암으로 인한 사망은 주변정리를 할 시간을 가질 수 있지만 뇌졸중이나 심혈관질환으로 돌연사하는 경우에는 유언을 남기거나 재산을 정리할 수 없다. 그래서 본인과 가족들에게 더욱 끔찍하다. 또한 사망하거나 심한 후유증을 입은 환자는 본인의 실수와 후회를 누구에게 이야기해 줄 수도 없다.

나는 고혈압 약을 먹은지 15년째다. 아침식사 후에 바로 먹는 것이 습관화되었고, 보통 사람들보다 혈압은 더 안정적으로 관리되고 있다. 심·뇌혈관질환은 한국인의 주요 사망원인 중 하나다. 통계청이 발표한 '2019 사망원인통계 결과'에 따르면 심장질환은 사망원인 2위, 뇌혈관질환은 4위를 기록했다. 심·뇌혈관질환을 합치면 암을 제치고 1위이며, 특히 겨울철 심한 일교차는 급작스런 교감신경 활성화에 따른 혈액순환 부담으로 노년층의 혈관질환 발병위험을 증가시킨다. 우리나라는 사망원인 1위가 암이지만, 전 세계 사망원인 1위는 심혈관질환이다.

고혈압과 당뇨를 생활습관병이라고도 하는데, 병을 치료하는 수단으로는 투약과 음식조절, 상담, 운동 등 다양한 방법이 있다. 습관만 바꾸어도 수명이 10년 길어진다는 이야기가 여기서 나온다. 특히 흡연과 음주, 운동하지 않는 습관은 치명적이라고 본다. 보건복지부의 '심혈관질환 예방을 위한 9가지 생활 수칙'에 따르면 담배는 반드시 끊고 술은 하루 한두 잔 이하로 줄이도록 한다. 음식은 싱겁게 골고루 먹되 채소와 생선은 충분히 섭취하고, 매일 30분 이상 운동하며 적정 체중을 유지하고, 스트레스를 줄이는 생활을 해야 한다. 또한 정기적으로 혈압 · 혈당 · 콜레스테롤을 측정하고, 고혈압 · 당뇨병을 앓고 있다면 꾸준히 치료를 권장한다.

※ 중도장애인

우리가 만나는 장애인 중 70%는 처음부터 장애인이 아니었다. 우리나라 전체 장애인 100명 중에서 중도장애인은 70명 가까이 된다. 중년기에 빈발하는 심혈관질환이나 당뇨병 등 갱년기질환 이후에 수반되는 신체의 이상 징후에 유의해야 한다.

3장

가늘고 길게 잘 사는 법
(건강, 가족, 관계)

건강관리와
장수

국제 질병분류표 상에 등록된 인간의 질병은 모두 12,420개이다. 장수를 위해서는 운동과 좋은 식습관, 건강검진, 스트레스 관리가 핵심이다. 걷고 뛰는 운동은 스트레스 관리에도 좋다. 미국 노화 연구의 대가인 마이클 로이젠 박사는 건강과 장수에 이르는 11가지 수칙(1999년)을 발표했다.

건강과 장수에 이르는 11가지 수칙

❶ 평생 공부하라(2.4년 젊어진다).

❷ 안전벨트를 매라(3.4년 연장된다).

❸ 비타민을 복용하라(6.0년 젊어진다).

❹ 치아 잇몸을 관리하라(6.2년 젊어진다).

⑤ 금연하라(8.0년 젊어진다).

⑥ 건전한 성생활을 즐겨라(8.0년 젊어진다).

⑦ 호르몬 대체요법을 받아라(8.0년 젊어진다).

⑧ 규칙적 운동을 하라(9.0년 젊어진다).

⑨ 건강검진을 정기적으로 하라(12.0년 젊어진다).

⑩ 혈압을 관리하라(15년 젊어진다).

⑪ 스트레스 관리를 하라(32년 젊어진다).

100세 이상 고령자의 장수비결

우리나라 100세 이상 고령자들은 장수비결로 절제된 식습관(39.4%), 규칙적인 생활(18.8%), 낙천적인 성격(14.4%)을 들었다. 아래는 은퇴 후 건강관리 원칙이다.

① 영양관리　달고 짠 것 지양, 소식

② 마음관리　스트레스 관리

③ 운동관리　루틴과 앵커링 필요

④ 질병관리　정기적 건강검진

⑤ 약물관리　음주 및 약물

⑥ 위험관리　질병과 상해는 치료보다 예방이 중요

　건강은 단순히 주의하는 마음이나 염려가 아닌, 양호한 재무 상태와 생활습관, 좋은 커뮤니티를 통해서 지켜낼 수 있다.

충족되지 못한 영양과 사랑은
상처가 되어

    사람은 유아기와 유년기에 무조건적인 사랑을 받아야 정상적인 성장을 할 수 있다. 인간은 자유의지를 지닌 개체라기보다는 유전자 (DNA) 속에 성장방향이 프로그램되어 있고, 환경에 따라 성장하는 존재이다. 훌륭한 유전자를 가지고 태어나도 어린 시절 부모에게서 온전한 영양이나 사랑을 받지 못하면 육체적·정신적으로 제대로 성장할 수 없다. 이는 좋은 하드웨어를 가진 컴퓨터가 부실한 소프트웨어로 인해 저성능이 되는 것과 같다.

    제2차 세계대전 중에 태어난 네덜란드 전쟁둥이들을 추적 조사한 연구에 따르면, 당시 굶주리고 혹독한 삶을 보낸 임산부들이 출산한 아이들은 나중에 당뇨병이나 성인병에 걸릴 확률이 정상인보다 훨씬 더 높았다. 엄마의 뱃속에서 경험한 영양결핍은 출생 이후에도 몸

무게는 물론이고 평생의 건강에 영향을 미친다는 것을 밝혀낸 결과였다.

또 심리학자 존 볼비의 애착 이론에 따르면 어린 시절에 엄마와 형성한 애착의 질이 성장 후 감정 조절뿐만 아니라 대인관계의 질에도 영향을 미친다. 유아기의 애착은 생후 3개월부터 형성되기 시작해 7~8개월 무렵이 되면 주 양육자와 낯선 사람을 뚜렷이 구별하면서 관계를 다지는데, 이때 아이는 보호자와 애착관계 속에서 심리적 안전기지를 갖고 미지의 영역을 탐구한다고 한다.

가족이라는 울타리는 베이스캠프와 같은 안전지대로서 생명과 안전한 환경, 정서적 안정 및 사랑을 제공한다. 불행히도 이 세상에는 완전한 부모도, 완전한 환경도 없다. 때문에 많은 인생의 비극들이 어린 시절 불안정한 부모에게서 시작된다. 폭력을 행사하는 범죄자 중 다수는 유년시절 가정폭력의 피해자이기도 하다. 다만 문제가 발생하기 전까지는 잠복기를 가진다.

공권력으로 수백만 명을 죽인 세기의 살인자, 히틀러와 스탈린은 스스로 괴물이 되기 이전에 불안정한 부모 밑에서 불우한 어린 시절을 보냈고 그들도 가정폭력의 피해자들이었다. 이들은 알코올 중독자인 부친에게 학대를 당하였고 근원적 불안감을 가지고 있었다. 특히 히틀러의 경우는 20대에 우울증에 시달렸다. 만약 이들이 부모로부터 칭찬일색으로 사랑을 받았다면 수백만 명을 죽이는 살인마가 되지는 않았을 것이다. 정신치료 상담사의 말을 빌리자면 가정폭력의 피해자를 상담하고 치료하다 보면 어느새 그도 폭력의 가해자로 변해 있어서 놀랐다고 한다. 이게 얼마나 무서운 전염병인가.

인간의 유전자 속에는 성장과 퇴화의 프로그램이 들어 있다. 인간의 행동유형에 관한 연구는 21세기 들어와서 심리학, 뇌과학, 정신분석학, 유전학 등으로 더욱 확대되고 있다. 프로이트 이론을 심화시킨 에릭슨은 '인간은 영아기부터 노년기까지 전 생애에 걸쳐 총 8단계를 통해 발달하며 각 단계마다 극복해야 할 갈등과 과제가 있고, 이를 성공적으로 해결하지 못하면 이후의 모든 발전단계들은 다음 인지적·사회적·정서적 부적응 형태로 그 실패를 반영한다'고 하였다. 그러니까 성장기 때 충족되지 못한 상처는 우박을 맞은 과일처럼 성장 이후에도 흔적을 남긴다는 이야기이다.

출발하지 못한
가족여행

　지난여름 휴가를 다녀온 친구의 이야기이다. 고향집에서 휴가를 보내던 중 어머니가 바닷가로 가서 회를 먹고 싶어 하셨다. 친구는 기쁜 마음으로 출발하려고 했으나 아버지의 반대로 출발하지 못하였다. 친구 아버지가 반대한 이유는 주변에 횟집도 많은데 한 시간 이상 걸리는 길을 다녀오는 게 못마땅하였던 셈이다. 어머니는 가족끼리 이동하는 것을 여행으로 생각하셨지만 아버지는 긴 이동시간을 시간 비용으로 계산하신 것 같다. 친구 아버지의 생각이 맞기도 하지만 또한 틀린 것이기도 하다. 일전에 페이스북 친구가 부고를 띄운 것을 본 적이 있다. 모친이 갑자기 돌아가셨는데 생전에 함께 여행 가지 못한 것을 매우 아쉬워했다. 사망 몇 달 전에 본인이 여행을 제안했지만 어머니의 반대로 여행을 포기하였고, 그리고 나서 몇 달 후에 어머니의 건강이 갑자기 나빠진 것이다.

　지난여름 우리 가족은 코로나가 주춤한 사이 제주도 여행을 다녀온 적이 있다. 어머니가 팔순을 넘겼고 때마침 헝가리에서 공부하던 둘째가 귀국했던 터라 우리 가족 다섯은 4박5일로 제주도 여행을 다녀왔다. 결과는 너무 좋았다. 딸들은 장성하여 20대 후반이었고 어머니는 팔순이 넘었지만 건강하셨다. 렌트카를 빌려 관광지와 바닷가, 맛집 여기저기를 찾아다녔다. 이동하는 동안 차안에서 아이들의 어릴 적 이야기로 꽃피웠다. 아이들을 함께 키웠던 아버지는 돌아가셨지만 나머지 가족들은 3대가 모처럼 즐거운 시간을 보냈다.

　어쩌면 가족여행이야 가도 그만이고 안 가도 그만이다. 평소에는 이런 것들이 급하지도 중요하지도 않다. 그러나 '아끼다 똥 된다'라는 말이 있다. 시간과 돈을 생각하고 차일피일 미루다가 사람들은 부모님이 돌아가시고 난 뒤에야 비로소 아쉬움을 쏟아낸다. 부모님 사후에는 이런 사소한 것들이 꽃보다 아름답고 다이아몬드보다 값지다.

아버지의 갱년기는
더 우울하다

평균수명이 늘어난다고 나의 수명도 저절로 늘어나는 것이 아니다. 고향 친구들의 부모님들은 대체로 연세가 비슷하다. 담을 사이에 두고 비슷한 환경에서 살았고 생활형편도 비슷했다. 현재 부모님들의 나이는 70대 후반에서 90대 초반 정도이다. 술과 담배를 즐겼던 고향의 아버지들은 대부분 80세 전후하여 돌아가셨다. 어머니들은 연세가 구순에 가깝지만 대부분 살아계신다. 일부 친구 아버지들은 살아계시지만 이분들은 젊은 시절 술을 즐기지 않았고 가벼운 산책을 즐기신 분들이었다. 아버지 세대는 술에 관대하였고 무슨 법칙처럼 술을 많이 드신 아버지들은 그만큼 빨리 돌아가셨다.

우리들 아버지는 든든한 울타리였고 철벽과 같아서 감정이나 통증을 못 느끼는 줄 알았다. 그러나 우리가 아버지 나이대가 되어 보니

장년기의 우울감은 청년기의 그것 못지않다. 심리학자나 정신분석학자들은 중년남성(40~65세)의 갱년기 위기에도 주목하고 있다.

살아온 길을 뒤돌아보고 자신을 검열하고 더 이상 희망이 없다고 생각될 때 큰 좌절과 우울감을 느낀다. 장년기 우울은 사춘기와 달라서 생각을 털어놓을 곳도 받아줄 곳도 없다. 1장에서 살펴본 것처럼 여성의 자살률은 전 연령대에 골고루 분포되어 있으나 남성의 경우 나이가 들수록 자살률이 올라가서 70대 이상에서 최고치를 기록했다. 일반적으로 여성들은 말로 감정을 표현할 줄 알고 대응이 유연하지만, 중년기 남성들은 표현이 서툴고 심지어 표현하는 것을 창피하게 생각한다. 이와 같은 이유로 과거의 아버지들은 술을 많이 마셨을 수도 있다. 그러나 술에 의존하거나 술이 문제해결의 수단이 된다면 나중에 그 중독성으로 인해 더 큰 난관에 부딪힌다.

술은 음료수와 마약의 중간 지점에 있는 문제 음료이다. 이것이 외부 스트레스와 합세하여 중독성을 보이고 공격적인 성향으로 바꾼다. 과다한 음주로 인해 본인의 건강은 물론이고 본인 가정과 주변의 평화까지 깨뜨리는 사례를 수없이 목격해왔다.

퇴직한 아버지들은 사회적 지지와 관계망이 무너지고 몸과 마음이 취약하다. 취미나 종교, 지역 커뮤니티를 통해 빠른 사회 재참여를 하고 새로운 정체성을 찾아야 한다. 이제 아버지들은 자신과의 화해가 필요하다. 세상 어떤 아버지도 완벽할 수 없고 남들보다 뛰어날 수도 없다. 그저 가정의 한쪽 울타리나 지붕 정도로만 지탱하자.

미루다
똥 된다!

고대 마케도니아의 알렉산더 대왕(BC 356~BC 323년)이 해외 원정 길에서 거지 철학자 디오게네스를 우연히 만났다. 철학자가 물었다.

"대왕께서는 그리스를 정복한 다음에는 무엇을 하시겠습니까?"

"페르시아를 정복할 것이오."

"다음에는 무엇을 하시겠습니까?"

"인도를 정복할 것이요"

"그다음에는 무엇을 하시겠습니까?"

"인도를 정복한 다음에는 편히 쉴 것이오."

"저는 이미 오래전부터 편히 쉬고 있습니다. 인도를 정복한 다음에 쉴 게 아니라 지금 쉬는 것은 어떻습니까?"

결국 알렉산더 대왕은 인도를 정복하고 돌아오던 길에 33세의 나이로 병사하였다. 후세 사람들은 한치 앞을 보지 못했던 천재 군사전략가 알렉산더 대왕을 가련하게 생각했지만 현대를 사는 우리들도 알렉산더보다 별반 나을 게 없어 보인다. 더 높은 지위를 가지려고, 더 많은 돈을 벌려고, 더 좋은 조건을 차지하려고 행복한 시간을 미루고 아끼다가 눈앞의 행복을 놓치고 만다.

회사의 진급도, 권력이나 부를 거머쥐는 기쁨도 길어야 평균 6개월이다. 돈과 권력은 행복으로 가는 길에 유리한 언덕을 내어주지만, 같은 행복을 오랫동안 지속시킬 수는 없다.

많은 이들이 부(富)에 대한 잘못된 환상을 가지고 있다. 특별한 일이 없다면 완전히 은퇴한 사람은 로또 당첨자처럼 갈수록 재산이 줄어들기 때문에 노후까지 금전에 집착하면 불행해진다. 먹고살 만한 사람들이 돈에 집착할 때, 아무것도 없어 보이는 사람들은 자신의 처지에 아랑곳하지 않고 사소한 일에 행복을 느낀다. 행복은 가까이 있지만 너무 아끼다 보면 똥이 된다.

99%는 돈과
인간관계에 대한 고민

건강을 빼면 세상 고민의 99%는 돈과 인간관계에 대한 고민이다. 알프레드 아들러도 '모든 고민은 인간관계로 인한 고민이다'고 역설했다. 사람은 사회적 동물이고 관계의 동물이다. 우리는 타인과의 관계 속에서 차원 높은 인간이 되어 간다. 관계 속에서 인정이 되면 행복하지만 반대로 배척되면 외롭고 불안하다. 이제 사람 간의 관계도 무형자산으로 인식되고 관계자산, 관계 비즈니스라는 말이 생겼다.

동서양의 철학과 종교는 오랫동안 인간의 본성과 행복, 관계에 대해서 연구해왔다. 하버드 성인발달연구(The Harvard Study of Adult Development)는 성인 724명의 삶을 75년간 매년 추적하면서 조사하였다. 개인의 삶에 대한 역사상 가장 길게 지속된 연구인데 그 결과 좋은 인간관계가 우리를 행복하고 더 건강하게 만든다는 사실을 밝혀

냈다.

연구에서 중산층 10명 중 7명이 마음을 터놓고 지내는 친구가 2명 정도 있다고 답했다. 이런 친구의 숫자는 40~50대보다는 30대가 많았고, 직장인이나 자영업자보다는 공무원이 많았다. 또 하위층보다 상위계층이 더 많았다. 하버드 성인발달연구의 책임자이자 정신분석 전문가인 로버트 월딩거는 TED 강연에서 인간관계에 대한 세 가지를 이야기했다.

첫째, 가족 · 친구 · 공동체와 친밀한 사회적 관계를 맺고 있는 사람은 그렇지 않은 사람에 비해 더 행복하고, 육체적으로 더 건강하고, 더 오래 살았다. 외로움은 독소와 같아서 고립된 생활을 하는 사람들은 육체나 두뇌 기능이 일찍 감퇴하고 단명하였다.

둘째, 친구가 몇 명이고 가깝게 지내는지가 아니라 얼마나 질 좋은 관계를 맺고 있는지가 중요하다. 50세에 좋은 관계를 맺고 있는 사람이 80세에 가장 건강했는데, 친밀하고 좋은 관계가 노화를 막는 완충제 역할을 한 것으로 보인다.

셋째, 좋은 관계는 육체뿐 아니라 두뇌도 보호한다. 어려울 때 의지할 수 있는 관계를 맺고 있는 사람의 기억력은 오랫동안 더 잘 유지되었다.

좋은 관계는 유형 자산을 형성해 주기도 하고 건강한 정신과 육체를 유지시킨다. 또 건강은 행복과 삶의 질 측면에서도 중요하고 소득을 창출한다. 60세 이상의 건강한 한국 고령자는 일자리를 통해 월 평균 160만 원 정도의 근로소득을 창출한다. 당신이 60세의 건강한 고령자라면, 향후 20년(240개월) 이상 큰 자산을 가진 것이나 다름없다.

젊은이들에게 인생에서 가장 중요한 것이 무엇이냐고 물으면 많은 이들이 '부자가 되는 것' '유명한 사람이 되는 것'이라고 대답한다. 그동안 사람들은 명성과 부, 뛰어난 성취를 추종해 왔으나 75년에 걸친 이 연구는 가족, 친구, 공동체와의 관계를 중시했을 때 가장 잘 살았다고 말해준다. 좋은 삶은 좋은 관계 위에 구축된다.

퇴직 후에는 은퇴자의 생활 리듬에 맞는 새로운 인적 네트워크가 필요하다. 예전 회사동료들은 인간적이지만 그들은 멀리 위치해 있다. 취미, 운동, 여가활동, 종교나 봉사활동을 통해서 새로운 친구를 만나야 한다. 과거와 현재의 친구들도 모두 지키고 싶지만 모래가 파도에 쓸리듯 자꾸 줄어든다. 친구는 가족이 들어줄 수 없는 이야기를 들어주고 놀아 줄 수 없는 놀이를 함께 한다.

새로운 사람을 만난다는 것은 친목 이외에 성장과 비즈니스 측면에서도 의미가 크다. 사람들이 많이 모일수록 집단지성의 능력치는 상승한다. 다만 유사한 집단이나 사회적 관계가 가까운 사람들끼리는 혁신을 일으키는 능력이 떨어진다. 새로운 사람, 낯선 분야와의 결합에 의해 변화가 이루어지고 이런 관계는 또 다른 인맥으로 연결된다. 나의 과거 경험과 현재 경험이 결합하거나, 나의 경험과 상대방의 경험이 결합하거나, 나의 경험과 제3자(또는 책 속의 타자)의 경험이 결합할 때 비로소 혁신이 일어난다. 상대방의 경험과 간접경험은 민감도와 각성은 떨어지지만 경험치의 경우의 수는 크게 늘어난다.

다양하게 얽힌 사회적 관계는 활력과 창의의 원동력이 되지만, 안타깝게도 나이가 들어갈수록 과거의 친구와는 간격이 생기고 조금씩 떨어져 나간다. 몸이 멀어지면 마음까지 멀어지고, 시간이 지나면 기대와 호기심이 떨어지기 때문이다. 대신 사회 관계망을 통해 현재의 나와 비슷한 상황에 있는 친구들과 다양한 세대의 사람들이 꾸준히 유입되어야 한다. 자기 또래의 사람들로만 관계가 형성된다면 여전히 사회적 고립이 있을 수 있다. 퇴직 후 골프를 치든 조기축구를 하든 그것은 운동 그 이상이 된다. 즉 사교는 즐거움을 주는 놀이이고, 비즈니스이고, 커뮤니티(공동체)가 된다.

인생의 4가지 동반자,
인간관계의 달인

50대 이상 세대의 자산에는 주택, 현금, 예금 등 유형자산과 건강, 경험, 인맥 등 무형자산이 있다. 여기서 무형자산은 유형자산을 만드는 자본이 되기도 한다. 인맥은 대표적인 무형자산으로 사회 자본, 관계 자본으로도 불리고 행운의 여신은 인맥을 통해서 걸어온다.

인생의 4가지 동반자

친밀한 인간관계는 욕구 충족과 삶의 활력소가 된다. 슈미트와 서멋(Schmidt & Sermat)은 인간관계의 영역을 크게 네 가지 영역으로 나누었고 각각 균형적 만족이 필요하다고 보았다.

❶ 가족 동반자 : 혈연적 동반자, 사회생활 속 피로 해소

❷ 낭만적 동반자 : 이성에 대한 사랑, 낭만적 사랑과 성적 욕구의
충족

❸ 사교적 동반자 : 친구와의 우정, 개인적 친근감과 신뢰 기반

❹ 직업적 동반자 : 일을 함께하는 동료, 업무 중심적 인간관계

인간관계 달인의 법칙

좋은 관계를 유지하려면 그 사람이 무엇을 좋아하는지 아는 것보다
먼저 무엇을 싫어하는지 알아두어야 한다. 다음은 인터넷에 떠도는,
인간관계에 관한 작자불명의 글이지만 설득력이 있다.

❶ 노크의 법칙(Knock)

마음의 문을 열려면 내가 먼저 노크하라.

❷ 거울의 법칙(Mirror)

거울은 먼저 웃지 않는다. 내가 먼저 웃어야 한다.

❸ 베풂의 법칙(Give & Take)

먼저 주어라. 그다음에 받아라.

❹ 짝의 법칙(Couple)

저절로 통하는 사람이 있다. 사람마다 맞는 짝이 있다.

❺ 낭만의 법칙(Romance)

'당신만 낭만이 아니다.' 사람은 자기중심적이어서 내가 하면 로맨
스, 남이 하면 불륜이 된다.

톱3 친구

나이가 들수록 사람이 너그러워진다고 하지만 실제는 아닌 것 같다. 나이가 들어도 한번 다투면 화해하기 쉽지 않고 다툼을 중재하는 사람도 거의 없다. 예전의 차이는 좁혀질 수 있는 차이였지만 노후의 차이는 시위를 떠난 활모양 자꾸 멀어지는 차이이다. 그래서 사람은 나이가 들면 점점 외로워진다. 주변에서 새로운 친구를 사귀는 속도보다 각 생애주기마다 함께 해 왔던 친구들의 이탈속도가 더 빠르다.

삶의 여정에서 만나고 헤어지는 수많은 사람들 중 좋은 사람들도 많지만 99가지가 서로 통하고 좋다고 해도 마지막 한 가지 이유 때문에 결별하는 것이 사람의 일이다. 대기업에서 개인 기업으로 옮겨가면 예전에 비해 삶의 공간이 좁아진다. 나이가 들수록 행동반경이 좁아지고 만나는 사람의 범위도 줄어든다. 좁은 무대에서는 분쟁을 조

심해야 한다. 분쟁이 생기면 화해하기 힘들고 피할 곳도 없다. 오해가 생기지 않도록 더 신중하고 표현도 간접적이어야 한다. 하찮은 일로 시작한 것이 큰 일이 되어 서로 외면하는 등 민망한 상황이 벌어진다.

내 친구 중에는 약속시간 30분 전에 오는 친구가 있다. 사람을 평가할 때 그가 그의 시간을 어떻게 생각하는지, 남의 시간을 어떻게 생각하는지도 고려해야 한다. 만나서 서로 밥값을 내겠다고 다투는 사람들을 자주 보지만 사실 그것보다 더 감사한 사람은 상대방의 시간을 아껴주는 사람이다.

술친구는 술 마실 때 좋은 친구이고, 직장 동료는 직장 다닐 때 좋은 동료이다. 퇴직 이후에는 고향, 동문, 동네친구들을 자주 만나게 되는데 만나면 재미있는 친구, 나를 불러주는 친구, 초대에 응해 주는 친구가 '톱3 친구'이다.

행복이 오지 않으면
마중을 나간다

마음의 준비를 했더라도 막상 퇴직을 하고 나면 사라진 월급이 익숙하지 않고 남아도는 시간도 낯설다.

달리던 열차가 갑자기 멈추면 예전에 보이지 않던 것들이 보이고, 다양한 감정들이 오고 간다. 오랫동안 짊어지고 있던 무거운 짐을 내려놓으면 안식과 자유보다는 불안과 공허, 나의 쓸모에 대한 회의가 밀려온다.

혼자 있는 시간이 많아지고 늦잠을 자게 되면 밥 세끼 먹는 걸로 하루가 저물기도 한다. 예전에는 시간이 정말 귀했는데, 이제는 시간이 남아돌아 잔반처럼 버려지는 듯한 느낌도 있다. 주변의 믿음과 응원을 받고 지내왔는데, 갑자기 홀로 되어 느끼는 감정은 불안, 초조, 무료함 같은 것이다.

심리학에서는 회사에서 승진을 위해 일에 몰두하는 남성을 '권력의 인간'이라고 하는데, 모든 일과 권력을 내려놓고 퇴직한 남성은 심리적으로 일생일대 최고의 위기를 느낀다.

퇴직 후 단절감은 크고, 마음도 쉽게 흔들려서 내 마음 나도 모르게 된다. 그래서 퇴직 후에는 마음치료 프로그램이 필요해 보인다. 회사에 다닐 때는 정해진 규칙에 구속되는 것이 싫었지만 막상 무제한의 시간과 자유가 주어져도 처음에는 어찌 사용할지 모르게 된다.

에리히 프롬은 『자유로부터의 도피』에서 자유는 견디기 어려운 '고독과 책임'을 동반하기 때문에 인간심리 내면에는 다시 구속되고픈 심리가 존재한다고 했다. 같은 맥락에서 사르트르는 '인간은 자유의 형벌에 처해 있다'고 했다.

우리의 뇌는 현실과 상상을 잘 구분하지 못해 지레짐작만으로 스트레스를 받고 부정적인 상상을 많이 하고, 과거의 성공보다 실패를 더 잘 기억한다고 한다. 긍정적 면은 잘 잊어버리는 반면, 부정적인 생각은 확대 재생산하여 불안, 초조, 우울, 불면 등 만성적인 스트레스를 유발한다. 이 경우 인간의 상상력은 좋은 것이 아니고 독이 되고 만다.

현대 인류는 지금 고향 집에서 멀리 떠나와 있다. 이전 세대에 비하여 10배나 스트레스가 많아졌고, 순간적으로 감정이 도미노처럼 무너지면 부정적인 면만을 연속적으로 연상하다가 극단적인 선택을 하기도 한다. 행복은 저절로 오지 않는다. 자리를 박차고 나와서 마중을 나가야 만날 수 있다.

두 번째 화살을
맞지 마라

불교 경전 《아함경》에는 다음과 같은 말이 있다. '두 번째 화살을 맞지 마라. 살면서 누구도 첫 번째 화살을 피할 수는 없다. 그러나 스스로 만들어 쏘는 두 번째, 세 번째 화살은 피할 수가 있다. 고통은 첫 번째 화살만으로도 충분하다.' 여기서 말하는 두 번째 화살은 열등감으로 스스로를 탓하는 고통이다. 아래는 오래전에 봉은사에서 혜민 스님에게 들은 '열등감 강연'이다.

보통 사람들의 95%는 열등감을 가지고 있으며, 열등감을 느끼지 않는 나머지 5%는 '또라이'라고 한다. 열등감을 극복하는 가장 좋은 방법은 있는 그대로 인정하는 것이다. 나는 키가 작다. 그래 우짜라고? 나는 가방끈이 짧다. 그래 우짜라고? 나는 돈이 없다. 그래 우짜라고? 인정하면 스트레스받을 일이 절대 없다. 그래 우짜라고?

대신 자신을 위로하고 격려한다. 자신의 오른손으로 왼쪽 어깨를 툭툭 치면서 '잘했어, 정말 잘했어~' 하고. 다시 왼쪽 손으로 오른쪽 어깨를 툭툭 치면서 '되었어. 이만하면 되었어' 하자.

열등감에 대해서는 상대를 바꾼다고 내가 행복해지는 게 아니다. 모든 문제의 근원은 나 자신에게 있다. 내가 좋아하는 사람도 내 자신이고, 내가 사랑하는 사람도 내 자신이며, 내가 싫어하는 사람도 내 자신이다.

우리 모두에겐 자가 치유 능력이 있다. 잔잔한 복식호흡을 하면서 산속에 사는 자연인처럼 혼자만의 시간을 가진다. 현재 나의 생각과 감정은 내 본래 모습이라기보다 최근 내가 보고들은 것과 만난 사람들의 결과물이다. 격한 감정이 소나기처럼 몰아친다면 이미 그것은 나의 감정이 아니다.

부정적 감정이 몰아칠 때 골짜기로 빠져들지 않고 마음에 담지도 않는다. 자연스러운 흐름에 내면을 내맡기면서 객(客)의 눈으로 감정의 변화를 관찰한다. 세계 500대 부자 오프라 윈프리는 자신의 혼란한 상황을 객관적으로 보기 위한 도구로 감사의 마음을 꼽았다. 감사의 마음이라면 사람으로 인해 다친 마음이 새로운 사람이나 사랑을 통해서 치유될 것이다.

※ 체감행복도

인간이 느끼는 행복의 정도는 내면 깊숙이 숨겨진 본능에 따라 반응

한다. 남들과의 비교, 과거와의 비교를 통해 체감 행복이 달라진다. 객관적인 상황이 어려워도 남들보다 형편이 좋거나 어제보다 나아졌다면 행복하고, 현재 객관적인 상황이 좋아도 다른 사람이나 어제보다 더 나빠졌다면 기분이 좋지 않다. 또한 감정 지속에도 유효기간이 있어서 오늘 아주 기쁜 일도, 아주 슬픈 일도 충분한 시간이 지나고 나면 큰 일이 아닌 평범한 일상이 되어 버린다. 시간이 약이라는 속담처럼 행여 깊은 상처가 있더라도 살아 있는 생명은 다시 훌훌 털고 일어설 수 있는 것이다.

형편에
맞추어 살다

가끔씩 우리 모두가 부러워할 만한 사람들의 잇단 자살에 놀란다. 이런 사람들은 왜 자살하는가? 현대인에게 흔히 오는 우울증은 고혈압과 유사하다고 생각한다. 어느 날 갑자기 이 수치가 극도로 올라가면 극단의 생각을 하게 된다. 병적인 우울증이 있다면 그 이전에 의사를 만나서 약을 처방받는 것이 좋은 방법이다. 어느 날 갑자기 집채만 한 파도가 덮칠 때 그들은 방향과 시야를 잃어버린다. 상상할 수 있는 인간은 강인하지만 그 상상력으로 인해 너무나 나약해지기도 한다. 미국 등 선진국은 약물남용이 문제이고 우리나라는 약물복용 없이 너무 버티려고 하는 데서 문제가 발생한다.

마음의 감기로 알려진 우울증은 누구한테나 올 수 있고 치료를 요한다. 또한 자신의 나약함과 부족, 결함을 스스로 인정하고 살아가는 습관이나 자기이해 프로그램이 필요해 보인다.

　우리나라가 OECD국가 중에서 자살률 1위인 것은 경제력 자체보다는 이런 열등감이나 정신적 스트레스가 주된 원인이다. 가정형편이 아무리 어려워져도 조선시대나 한국전쟁 당시보다는 나을 것이다. 진정 가난이 원인이라면 성경(빌립보서4장12절) 구절처럼 비천에 처할 줄도, 풍부에 처할 줄도 알아야 하겠다. 형편에 맞추어 살다 보면 좋은 시절이 다시 오는 것이 인생의 묘미이다.

웃음코칭과
얼굴경영

코로나 발생 이후 우리나라를 포함하여 전 세계적으로 우울증 환자가 많이 발생하였다. 미국은 펜데믹(2019~ 2021년)기간 동안 마약 중독자의 사망률이 39% 증가하였고 살인사건이 30%가량 증가하였다. 미국 질병통제예방센터(CDC)에 따르면 2020년 약물과다복용으로 인한 사망자는 9만3,331명으로 하루 평균 256명에 달했고, 이는 미국 내 교통사고와 총기사고 사망자를 합친 것보다 많다.

육체를 다쳐서 움직이지 못하면 사람들이 금방 알아보지만 마음을 다쳐서 움직이지 못하면 사람들은 쉽게 눈치 채지 못한다. 1995년 삼풍백화점 사고가 발생하기 1~2분 직전에 운 좋게 백화점을 나왔던 여성은 강연에서, 그때의 '외상 후 스트레스 장애'로 6번의 자살을 시도하였고 수십 년간 우울증에 시달렸다고 했다.

한국전쟁에 참전하였던 캐나다 병사는 귀국 후 몇 년간은 악몽에 시달렸고 수시로 눈물을 흘렸다고 한다. 70년이 지난 지금도 그때의 공포가 매일 생각난다고 했다. 두 사례 모두 살아남은 안도감에 기뻐할 법도 한데 사람의 영혼은 그렇지 아니하다. 이 같은 우울증, 공황장애, 자살충동 등은 현대 사회를 살아가는 모든 이들이 한두 번쯤 경험하는 감정이 되었다.

내가 회원으로 있는 한국강사교육진흥원에서는 매달 미꿈시(미래를 꿈꾸는 시간 15분)라는 온라인 강연을 한다. 미꿈시에서 웃음코칭 상담사 송옥임 강사님은 웃음의 효과를 다음과 같이 설명했다. 송옥임 강사는 파킨슨병을 웃음으로 극복한 후에 사단법인 국제레크리에이션협회에서 웃음치료 상담사가 되신 분이다.

❶ 웃음은 가장 좋은 운동이다.

웃음은 우리 몸의 근육과 206개의 뼈를 자극한다. 1분 웃음은 10분 이상의 에어로빅, 10분 이상의 조깅 효과를 내는 가장 짧은 시간에 가장 큰 효과를 내는 운동이다.

❷ 웃음은 가장 좋은 약이다.

의학의 아버지 히포크라테스는 최고의 약은 면역이라고 했는데, 면역력을 높이는 최고의 방법이 웃음이다. 웃음은 백혈구를 증가시켜 질병으로부터 보호하고 가장 좋은 화장품이기도 하다.

❸ 웃음은 모든 걸 숨긴다.

할 말이 없을 때 웃으면 그냥 넘어간다. 웃음은 내 마음을 드러내지 않아도 되고, 나의 약점을 숨기면서 시간을 벌기도 한다.

❹ 웃음은 스트레스를 해소시키고 면역력을 높인다.

치매는 '의미의 병'이다. 내 존재가 더 이상 의미가 없다고 생각할 때 뇌세포는 저절로 감소된다. 이때 웃음은 치료약이 된다.

최근 미국에선 많이 웃는 사람들에게서 심장병 발병이 적다는 연구 결과가 나왔다. 웃음은 부교감신경을 자극해 심장을 천천히 뛰게 하며 스트레스와 분노, 긴장을 완화해 심장마비 같은 돌연사와 암도 예방해 준다. 웃음과 명상은 신체의 면역력을 높이는 역할도 한다.

동물 중에서 인간만이 유일하게 웃을 수 있는 특권을 가졌다. 일소일소(一笑一少), 한 번 웃으면 한 번 젊어진다. 웃음도 연습이 필요하다. 나는 하루에 한 번씩 함께 있는 사람에게 시비를 걸어서라도 하하 웃는 연습을 한다. 웃는 사람을 만나면 즐겁고, 에너지가 넘치는 사람을 만나면 덩달아 힘이 넘친다. 원광디지털대학교에는 얼굴경영학과가 있다. 나이가 들면 얼굴근육이 줄어들어서 젊었을 때 가장 많이 사용한 근육이 고정된다고 한다. 젊어서부터 웃어야 한다.

무표정, 웃음, 분노 중에서 노후의 표정을 고른다면 당연히 웃음을 택한다. 웃음은 인간으로 살아 있다는 증거가 된다.

무너진 습관,
검도가 중심을 잡아주다

　퇴직 후 집에 혼자 있으면 생짜배기 자연인이 되어 늦잠을 자거나 낮잠을 자게 된다. 처음 한 달 정도는 좋지만 시간이 지나면 지금 내가 뭐 하고 있나 하는 생각이 든다. 불안과 불면, 우울증 등 심리적 증상이 생기기도 하고 정도가 심한 경우 갑자기 늘어 버리기도 한다. 퇴직 6개월 후에 이명 증상을 호소하는 선배도 있었다. 습관이 무너지면 모든 게 무너진다.

　뉴턴의 제1법칙인 관성의 법칙은 인체에도 적용이 된다. 외부로부터 어떤 힘이 작동하지 않는다면, 정지하고 있는 인체는 계속 정지해 있으려고 한다. 운동을 자꾸 미루다 보면 본인의 의지로 규칙적 운동을 하는 것은 불가능하다. 이때 비자발적으로 운동을 할 수 있도록 일종의 앵커링(Anchoring, 정박효과)을 걸어두어야 할 필요성이 있다.

불규칙한 습관 속에서 생활 리듬이 깨어졌을 때 나를 일으켜 세운 것은 검도였다. 평소 자주 만나는 검도 5단 형님의 조언으로 시작했는데 내게 딱 맞는 운동이었다. 예전에는 테니스를 즐겨 쳤지만 무릎이 나빠지는 바람에 더 이상 격한 운동은 할 수 없었다. 주말마다 자전거를 타고 한강으로 나갔지만 이것으로는 운동량이 부족했다. 검도 사범님 말씀처럼 검도는 다칠 염려가 없고 가장 안전한 운동이었다. 또한 단순해서 누구나 할 수 있는 운동이다. 팔다리 근육을 많이 쓰고 폐활량을 높이는 전신운동이다.

몸의 상태는 마음의 상태를 보여 준다고 한다. 구부정했던 자세가 나도 모르게 당당하게 교정되었다. 혼자 자전거 탈 때보다는 함께 대련하는 시간도 있어서 정신건강에도 좋다. 땀도 제법 많이 나서 다이어트에도 좋은 운동이라고 알려져 있다. 규칙적인 운동은 좋은 습관이 되었고 검도는 내게 무너진 습관을 일으켜 세웠다.

반면 내가 아는 가장 나쁜, 중년의 유혹은 음주습관이다. 잦은 음주는 본인도 모르게 알코올에 의존하게 만들고 일상의 집중력을 떨어뜨린다.

4장

1인 기업 창업,
나홀로 비즈니스

무형자산과 변형자산

직장생활은 군대의 행진 대형처럼 천편일률적이지만 은퇴자들이 홀로 가는 길에는 천 갈래 만 갈래의 길이 있다. 은퇴시기에 따라 차이는 있지만 본인이 꿈꾸는 여유로운 은퇴생활을 하는 사람은 드물다. 경제적 준비를 넉넉히 하기도 힘들지만, 재무적인 문제가 해결되었다고 노후 준비가 끝난 것이 아니다. 은퇴 후 행복한 생활을 위해서는 오랜 기간 걸쳐 물심양면으로 준비가 필요하다.

《100세 인생》, 《뉴 롱 라이프》의 저자인 런던 경영대학원 린다 그래튼 교수는 100세 시대는 전통적 3단계의 삶이 아닌, 순환되는 다단계 삶이 되어야 한다고 주장한다. 지금까지 3단계 삶은 교육을 받고, 직업 활동을 하고, 퇴직을 하는 일련의 과정이 직선형이었다. 다단계 삶은 더 많은 터닝 포인트가 있고 순환과 반복이 이루어지는 곡선형이다.

　종전에는 동년배들과 밀집대형을 형성하여 각 단계를 순차적으로 가면 되었다. 100세 시대에는 밀집대형이 없어지면서 개인의 삶은 예측하기 어렵다. 변화의 기회가 많아짐과 동시에 선택권도 많아져서 취업, 결혼, 주택 구매 등 모든 것이 미루어지는 현상이 생긴다. 어떤 단계에서는 금전자산을 최대화하기 위해 장시간 일을 하고, 어떤 단계에서는 일과 가정의 균형을 유지하고, 어떤 단계에서는 보람일자리와 사회봉사활동을 한다.

　다단계 삶의 특징은 교육기간이 길어지는 것이다. 교육기간은 무형자산을 형성하는 시기이다. 일하는 기간이 여러 단계로 나누어진다. 기술혁신과 업종 간 이동현상으로 변화와 불확실성이 존재하고 재충전과 재교육이 필요하다. 각 단계마다 고유한 특징이 있고, 교육→직장→이직→탐색→직장·자영업→은퇴 등 순환과 반복이 이루어진다. 교육은 이제 청년들에게만 주어진 1회성 기회가 아니며 모든 연령층에게 지속적인 재활 교육은 필수적이다. 갈수록 취업, 결혼, 출산 등 모든 게 늦추어지고 있는데, 선택이 늦어지더라도 조바심을 느낄 필요는 없다. 일자리 선택에서도 한 가지 일에 집중하거나 여러 가지 일로 다양한 포트폴리오를 구성할 수도 있다. 성공적인 N잡러는 자신의 핵심역량을 키우며 과거처럼 전일제 근무가 아닌, 자신이 좋아하는 일의 포트폴리오를 만들어서 신나고 행복한 삶을 추구한다.

　린다 그래튼 교수는 《100세 인생》에서 자산을 유형자산과 무형자산으로 구분하였다. 유형자산은 주택, 현금, 예금을 말한다. 유형자산이 있어야 무형자산에 투자할 수 있다. 무형자산은 지식과 기술,

건강, 행복, 우정, 경험, 변화에 대한 대응력 등인데, 무형 자산을 다시 '생산자산', '활력자산'과 '변형자산'으로 세분하여 잠재력을 평가하였다.

생산자산은 오래 일하기 위한 자산으로 지식과 기술, 평판, 동료애 등이다. 활력자산은 육체적 · 정신적 건강, 웰빙(Well-Being), 사랑, 오랜 우정, 균형 잡힌 생활을 말하며, 활력자산의 반대는 스트레스라고 할 수 있다. 변형자산은 자기인식, 다양한 네트워크에 대한 접근능력, 새로운 경험에 대한 태도를 말하는데, 무형자산 중에서 가장 강력하다. 사람에게 변화는 고립된 상태에서 일어나지 않고 다양한 네트워크를 통해서 새로운 인간관계를 만나 상호작용을 할 때 비로소 새로운 관점이 생긴다. 예전과는 다른 시각으로 세상을 바라보며 변화에 의연하게 대처하고, 옛것을 보내고 새로운 네트워크를 형성하는 전환기 기술이 필요하다. 그래튼 교수는 이를 '변형기술'이라고 정의한다.

전환기에는 과거 타성에 대한 문제제기와 과거 단절, 새로운 것에 대한 개방적 태도, 실험정신과 호기심이 있어야 하고, 판에 박힌 일의 파괴와 불확실성에 대한 불편함이 없어야 한다. 불확실한 상황에서는 호기심을 가진 사람이 창의적 해결책에 먼저 도착할 수 있고, 더 많은 탐색과 적응에 준비되어 있어야 한다는 것이 린다 그래튼 교수의 '변형자산' 이론이다.

어떤 사람의 자산을 평가할 때 유형자산만 보아서는 안 된다. 그가 가진 잠재력, 즉 경험과 기술, 평판과 같은 무형자산도 함께 계산해야 한다.

100세 인생에서는 불확실성도 높아짐으로 3단계 삶에서 다단계 삶으로의 전환에는 중장기적 삶의 설계도가 꼭 필요하다. 설계도가 없는 삶은 지도가 없는 항해와 같기 때문이다.

　프로기사들은 바둑을 둘 때 마지막까지 반집을 두고서 치열하게 다툰다. 그러나 초반에는 자기 돌이 10점, 20점 죽어 나가도 전혀 개의치 않는 경우가 있다. 자기 바둑돌을 희생하는 대신에 큰 설계도를 구상하고 튼튼한 세력을 형성하는데 이 세력은 후일 큰집을 만들어 낸다. 바둑에서 일찌감치 집을 챙기는 것을 실리바둑이라고 하고, 초반에는 세력을 키우다가 후반부에 큰집을 만들어 내는 것을 세력바둑이라고 한다. 바둑 고수들은 두터운 세력을 활용하여 쉽게 집을 만들어 낸다. 이때 세력바둑을 집으로 바꾸는 기술이 필요한 것처럼 무형자산을 다시 유형자산으로 만들 때 일종의 전환기술이 필요하다. 린다 그래튼 교수는 변형기술을 포함하여 무형자산을 유형자산으로 만드는 스킬을 '재무화 기술'이라고 칭한다. 이 재무화 기술은 현금화 기술이기도 하며 제2라운드 인생에서는 중요한 요소가 된다.

무기가 되는
퇴직의 기술들

80~90세까지 어려움 없이 살 수 있는 재무구조를 만들어 놓고 자녀들도 독립을 하였다면 노후준비는 건강과 좋은 커뮤니티가 있는 정도로 무난하다. 그러나 십중팔구는 노후준비가 완전하지 않을 것이다. 여기서 두 가지 선택을 하게 된다. 하나는 기존의 지식으로 일하면서 종전의 수입에 비해 턱없이 적지만 만족하면서 소비를 줄이는 방식이다. 그러나 집이나 차량 크기를 줄이거나 생활수준을 낮추는 것은 그리 쉬운 일이 아니고 익숙하지도 않다. 다른 하나는 무형 자산과 배움에 투자를 하면서 기존의 역량을 키우고 본인의 가치를 높이는 방식이다. 변신에는 고통과 아픔이 동반된다. 나이가 많다는 약점으로 인해 눈높이에 맞는 일자리 구하기는 하늘의 별따기이다. 결국 1인 기업, 나홀로 비즈니스로 나아갈 수밖에 없다. 1인 기업은 나홀

로 하는 것이 아니라 많은 사람들과의 관계 속에서 이루어진다. 1인 기업 대표들은 나홀로 비즈니스의 외로움과 자문을 구할 곳이 없다는 것에 가장 큰 어려움을 느낀다. 많은 이들이 코로나 유행을 이유로 비즈니스를 미루고 있었는데 이제 코로나도 주춤하고 핑계거리도 없어졌다. 지금이 시작할 타이밍이다.

1) 창업은 나의 콘텐츠를 판매하는 것

1인 기업을 시작하기 전에 '비즈니스'의 본질을 생각해야 한다. 베스트셀러 『30분 회의』의 작가, ㈜석세스컴퍼니 정찬우 대표는 창업을 '자신의 콘텐츠를 만들어 판매하는 것'이라고 정의한다. 그는 창업에서 가장 중요한 것은 '나만의 콘텐츠'이며 사업을 잘하는 핵심역량으로 메타인지(자신을 객관적으로 아는 것), 배우기, 말하기, 문서작성, 도구사용, 마케팅, 실행력 등 7가지를 꼽았다.

　퇴사 후 콘텐츠만 믿고 나섰다가 난관에 부딪혀 말하기와 문서작성부터 다시 배웠던 나로서는 그의 피땀이 묻은 노하우에 공감한다. 아무리 질 좋은 물건이라도 시장에서는 포장이 필요하고, 마케팅기법과 화법이 필요하다. 공학박사이기도 한 정찬우 대표는 자신의 목표를 달성한 사람들의 두 가지 특징에 주목하였다. 첫째 목표를 분명히 기억하고 있다는 것, 둘째 실행에 대한 피드백 기능이 있다는 것이다. 이를 시스템적으로 해결하기 위한 도구로서 '901플래너'(90일 성공플랜 노트)를 출시하였고, 90일을 마치 1년처럼 사용하면서 1년에 4번 도전을 하도록 하였다. '901플래너' 프로젝트에 참여하는 사람들의 휴대폰은 하루에 두 번 알람이 울린다. 아침 알람이 울릴 때는 당일에

해야 할 일(TO DO LIST)을 메모하고, 잠들기 전 두 번째 알람이 울릴 때는 실행결과를 체크하여 사용자 커뮤니티(카페)에 올린다. 자발적 참가자들은 '계획하고 피드백한다면, 어떤 일이든 해낼 할 수 있다'라는 믿음을 가진 사람들이다. 901플래너는 시간관리와 목표관리에서 좋은 도구이다.

2) 회사를 그만두지 말고 1인 기업을 시작하라

퇴직 후 변화를 꿈꾸면서 1년 이상 분주하게 보냈지만 뭔가 잘못되어 가고 있다는 생각이 들었다. 애초부터 설계도를 가지고 출발했어도 시행착오에 대한 시간은 생각지 못했다. 재직시 아무리 준비를 했어도 어항 속의 물고기가 바깥세상을 상상하는 격이다. 현재 우리가 그러한 상태에 있지 아니하면 정확한 미래 예측이란 애당초 불가능하다. 퇴직은 허(虛)의 세계에서 실(實)의 세계로 나오는 것이다. 은퇴 후 기반을 잡는데 생각보다 긴 시간이 소요된다. 2년을 예상해도 최소 3~4년 또는 그 이상이 소요될 수 있다. 궁즉통(窮卽通)이라는 말도 있지만 직장에서 막 나와서 수입이 끊기면 초조해지고, 다급해지면 다음 행보에 큰 실수가 생긴다. 퇴직은 되돌아갈 수 없는 루비콘 강을 건너는 것이다. 재직하면서 준비를 하고, 또 준비를 해서 소득이 나오기 시작할 때 퇴직을 해야 한다. 이때 온라인 판매를 통한 창업이나 주말 창업도 하나의 방편이 된다. 직장인 1,388명을 상대로 한 잡코리아 설문조사(2020년)에서 직장인 89.4%가 이직실패 경험이 있다고 답했다. 성급한 이직은 필연적으로 실패를 경험하기 때문에 사전에 꾸준한 커리어 관리가 필요하다. 바다로 나갈 때는 한번

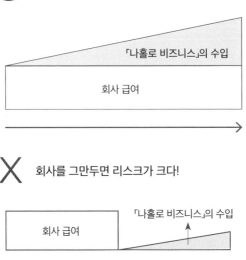

퇴사 후 급여수입이 없어지면 초조하게 된다

출처: 사토 덴의 '나홀로 비즈니스'(출판사 이서원)

생각하고 이혼을 할 때는 두 번 생각하고 퇴사를 할 때는 세 번을 생각해야 한다. 이혼의 경우 마음이 변해서 재결합을 하기도 하지만 회사는 마음이 변하지 않는다.

제2의 인생은 전반기 인생을 버리는 데서 출발한다. 오랜 틀을 깨고 나오는 데 시간과 시행착오가 필요하고, 도전적인 방식에는 항상 리스크가 따른다. 일곱 번의 사업 실패 끝에 미국과 한국에서 큰 사업체를 갖게 된 자산가 김승호 회장은 자기는 어릴 적부터 언젠가는 크게 성공한 사업가가 되리라는 것을 어렴풋이 느끼고 있었기 때문에 한 번도 포기해 본 적이 없다고 한다. 그의 다음 말에서 창업의 리스크를 짐작해 볼 수 있다. "사업을 하려는 사람은 기질적으로 타고나는데 본인이 가진 모든 것을 거는 사람이다. 거기에는 본인뿐만 아니라 자신의 가족도 포함이 된다. 보통사람들은 가족까지 걸지 않는다."

3) 비즈니스 모델과 판매상품의 유형

비즈니스는 고객의 고민과 욕구를 해결해 주는 것이다. 사토 후미아키 등이 쓴 《조인트 사고》에서는 내 사업의 고객이 누군지 정의하고 그 결과로서 대가를 받는 것이 진정한 비즈니스라고 정의한다. 비즈니스에는 스킬이 필요하고 공부와 노력이 필요하다.

《나홀로 비즈니스》의 작가 사토 덴은 판매 상품의 유형을 24가지로 분류하였다. 사토 덴은 판매하는 상품을 자신의 상품/타인의 상품/콜라보 상품, 유형의 상품/무형의 서비스, 온라인 판매/오프라인 판매, 직접 판매/위탁 판매로 분류하여 이를 조합해 총 24가지(3×2×2×2=24) 콘텐츠로 분류할 수 있다고 보았다.

비즈니스에서 본인 상품이 어떤 유형에 속하는지 명확히 한다면 비즈니스 확대의 기회도 엿보인다. 가장 이상적인 것은 본인이 가장 잘하고 좋아하는 것을 하는 것이다. 하지만 그런 일은 드물다. 사토 덴은 최소한 '내가 좋아하고, 상대방에게 도움이 되는 비즈니스를 해야 한다'고 조언한다. 이런 교집합이 아니라면 치열한 시장에서 성공하기는 어렵다. 교집합이 공익에도 부합한다면 더할 나위 없이 좋다.

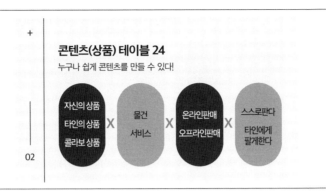

사토 덴의 판매 상품 유형 24가지

출처 : 《나홀로 비즈니스》

−차트는 서승범코치 제공(책의 내용을 이미지화)

단지 내가 좋아하는 일이라고 해서 비즈니스에 성과(결과)가 없다면 아무 쓸모가 없다.

4) 업의 핵심가치

고객의 고민과 욕구를 해결해 주는 나의 업의 핵심가치는 무엇인가? 고객의 마음을 편하게 해주든 금전적 이익을 주든 간에 나의 서비스 나 제품이 독보적으로 기여할 수 있어야 한다. 고객이 왜 굳이 나를 찾겠는가? 고객이 생각하는 핵심가치를 다시 정의하고 기존 역량에 서 추가적인 서비스 역량을 키워야 한다. 그것이 스킬인지, 친절인 지, 마음의 평안인지, 어떻게 도움을 줄 것인지 항상 생각해야 한다. 이는 내가 고객의 입장이 되어 보는 상상의 영역이기도 하다.

한번 찾은 고객이 다시 찾거나 다른 고객을 소개를 할 수 있도록 하는 것이 핵심이다. 주요 고객들과 수시로 소통하고 그들의 재구매와 소개를 이끌어내기 위한 전략이 필요하다. 이를 수시로 실천할 수 있도록 시스템과 습관을 갖추어야 한다.

5) 부재 중에 돌아가는 인터넷 시스템

이제 1인 기업은 온라인 비즈니스를 떠나서 생각할 수 없다. 과거에는 인터넷 카페 하나 만들면 되었으나 지금은 블로그, 유튜브, 인스타 계정 개설은 일반적이고 일부는 오픈 카톡방이나 웹페이지도 개설한다. 또한 본인 계정을 네이버 검색에서 상위로 올리기 위해 다양한 방법을 연구하고 강의도 병행한다.

블로그나 웹페이지 구성은 심플하고 가독성이 뛰어나야 한다. 사토 덴의 관찰에 의하면, 열람자들은 제일 먼저 상단 헤드라인을 보고 다음에는 좌측으로 시선이 가서 아래로 내려간다. 고객들이 머물 수 있는 인터넷 공간은 본인이 부재중이거나 휴가 중이라도 돌아가는 시스템이어야 한다. 이를 효율적으로 관리하기 위해 외주를 줄 수 있지만 본인이 인터넷 활용에 익숙해져야 비용과 시간을 더 줄일 수 있다.

6) 모객과 마케팅

대부분의 업종은 기술이나 전문성보다 마케팅과 영업력이 압도적으로 중요하다. 단순히 입소문만 기대하고 생산하면 반드시 망한다. 사람들이 갖고 싶은 매력적인 제품이미지를 만들어야 한다. 가격경쟁은 다음의 문제이다. 마케팅 없이 시작하는 사업은 간판 없이 가게를 오픈하는 것이다. 가수 임영웅은 미스터트롯 이전에도 노래를 잘 부르는 평범한 가수였으나 트롯 경연방송 이후 대단한 스타 가수가 되었다. 마케팅이란 '판매자의 매력을 발산하고 그 매력에 공감하는 사람을 눈앞에 모아 오는 행위'라고 한다. 가망고객을 모으는 모객과 마케팅은 비즈니스를 시작하는 사람들이 겪는 가장 큰 어려움이기도 하다.

사토 덴은 최강의 모객은 리퍼럴 마케팅, 입소문 마케팅으로 불리는 '소개'를 꼽는다. 그리고 모객의 방법에는 온라인과 오프라인이 있으며 직접 모객과 타인의 도움을 받는 소개 모객이 있다. 어필리에이트 마케팅(제휴 마케팅)은 대표적인 21세기 마케팅이라고 할 수 있다. 타인의 도움이나 소개를 받으려면 내가 먼저 그를 응원해야 한다. 그래야 상대도 나를 응원한다.

오픈 채팅방을 통한 무료 강의, 커뮤니티를 통한 이종 간의 인터페이스, 유사 업종 간의 전략적 연대, 협업(콜라보) 등이 필요하며 이를 위해 SNS를 적극 활용한다.

단순한 구독자나 팔로우보다는 고객의 이메일이나 전화번호를 갖는 것이 소중한 자산이 된다. 모객이나 판매단계에서 고객에 대한 충분한 이해가 있어야 한다. 고객의 입장에서 그들의 고통과 기쁨, 원하는 것을 찾아내야 한다. 이를 파악하기 위해 철저하게 그들의 입장이 되어 봐야 한다. 고객의 불편과 불평 속에 사업 기회가 있다. 고객이 원하는 제품과 더불어 마케팅에서 '판매의 기술' 또한 중요하다. 아주 매력적이거나 절박하지 아니하면 고객은 구입하지 않는다.

모객을 위한 한시적 할인, 눈길을 끄는 광고문구, 소개자에 대한 다양한 보상 등 이벤트도 필요하다. 가장 효율적인 모객은 고객이 고객을 불러오는 시스템이다. 우선은 알고 지내는 지인이나 기존 고객을 통해 소개를 받아야 하고 이들의 '팬심'을 잡아야 한다. 사토 덴은 그 출발로 최초 인원 6명이면 충분하다고 했다.

7) 스토리와 브랜드

스티븐 데닝이 《스토리텔링으로 성공하라》에서 주장했듯이 성공적인 비즈니스를 위해서는 스토리가 필요하다. 간다 마사노리 역시 비즈니스 세계에서도 스토리의 힘이 중요하다고 강조했다. 사람은 스토리에 흠뻑 빠진다. 독자가 소설의 스토리에 깊이 몰입되면 등장인물이 된다. 이처럼 개인도 기업의 스토리에 끌려 들어간다면 상품을 소비하고 나아가 상품을 적극적으로 알리는 전도사가 된다.

1인 기업에서 가장 강력한 브랜딩은 일의 결과이고, 1인 기업에서 성공이란 대중들 속에서 자기 브랜드를 가지고 툭 튀어 나오는 것이다. 다시 말해 자기만의 독특한 방식으로 유명세를 타는 것이다. 처음 만나는 고객 입장에서 1인 기업의 브랜드는 대표의 말과 이미지이다. 활력이 넘치는 목소리와 몸짓, 단정한 옷차림은 신뢰감을 준다. 개성 넘치는 비즈니스맨이나 대중 앞에 서는 이들은 사람들과 만날 때는 최고급 옷을 고집한다. 사람들은 보는 것으로 상대를 판단하는 성향이 강하며 한 번 받은 인상은 잘 지워지지가 않기 때문이다. 같은 사람이라도 경찰복을 입었을 때와 의사 가운을 입었을 때는 완전히 다른 사회적 역할이 요구된다. 옷의 힘은 크다. 매력 있는 사람은 옷을 함부로 입지 않는다. 미의식은 그의 지성과 교양의 표현이기도 하다.

요즘은 개인에게 맞는 색상을 찾아주는 코디네이터들도 많다. 색으로 자신의 직업과 이미지를 표현한다. 노란빛을 띠면 부드럽고, 청색계열은 차갑고 이지적인 이미지를 전달할 수 있다. 영국런던정치경제대학교 캐서린 하킴 교수는 〈옥스퍼드 저널〉에서 경제적 자본, 문화적 자본, 사회적 자본에 이어 제4의 자본을 '매력 자본'이라고 하였다.

미국의 사회심리학 연구에서는 키가 크고 외모가 매력적일수록 연봉도 더 높고 능력 있는 배우자를 만나며, 면접이나 미팅에서도 좋은 결과를 얻는다고 하였다. 그런 면에서 코코 샤넬은 선구자이다.

> "패션은 단지 옷에 대한 것이 아니다. 패션에는 우리의 생각, 삶의 방식, 일, 그 모든 것이 깃들어 있다. 패션은 감춤과 드러냄을 통해 은밀히 욕망을 표현하기도 하며, 허위와 과장을 끄집어내기도 한다. 이때 옷은 우리가 걸치는 사물을 넘어서 삶의 은유가 된다"
>
> ―《샤넬, 미술관에 가다(김홍기 지음)》에서

8) 책 쓰기, 1인 기업의 불쏘시개

1인 기업에서 성공이란 프로야구에서 3할 타자가 되는 것이고 생계 문제도 저절로 해결이 된다. 이런 사람들은 시간을 주도적으로 사용하면서 본인이 좋아하는 일을 하고 꾸준한 수입을 올린다. 그러나 그들의 성과는 어쩌다 성공한 것이 아니라 짧게는 4~5년 길게는 10년 동안 한 분야에서 끊임없이 노력했던 사람들이다. 오래 준비된 땅에서만 꽃이 피는 것이다.

이런 과정을 생략하고 빠른 지름길을 찾는다면 가성비 높은 방법으로 책 출판을 적극 추천한다.

요즘은 자신의 콘텐츠를 일목요연하게 정리하여 책으로 출판하는 사람들이 늘고 있다. 출판과정이 쉽지는 않지만, 전문가의 도움을 받는다면 자신만의 컨텐츠가 있는 사람은 누구나 출판이 가능하다. 출판은 자신을 가장 효율적으로 브랜딩하고 홍보할 수 있는 수단이며 고객에 대한 나의 영향력을 높인다. 부수적으로는 강의 의뢰나 약간의 인세도 기대할 수 있다.

나도 원래부터 교통사고 대인보상 전문가였지만 "하마터면 이런 것도 모를 뻔했다"를 출판함으로써 대외적으로 인정을 받았고 강의의뢰까지 받았다. 물론 책 쓰기가 창업의 필수조건은 아니다.

9) 남의 성공을 도와라

1인 기업의 경우 남의 성공을 돕는 과정에서 내가 성공할 수 있다. 이는 성공한 소수들만이 아는 공공연한 비밀이다. 아이번 마이즈너 BNI 회장은 《연결하라》는 그의 책에서 비즈니스 네크워킹으로 성공하는 비결 3가지를 제시한다.

❶ 사냥꾼이 되지 말고 농사꾼이 되라.
❷ 기버스 게인(Givers gain, 주는 자가 받는다), 먼저 도와주라.
❸ 다양한 사람들(경쟁자 포함하여)과 협업 시스템을 구축하라.

나도 한동안 BNI에서 활동한 적이 있고 아이번 회장의 비즈니스 철학에 공감을 했다.

아무리 유능한 개인도 조직을 당할 수는 없고, 내가 먼저 도와주는 자가 되어야 도움을 받을 수 있다는 것을 실감했다. 이후 나는 농부가 되고자 했고, 조력자가 되고자 했고, 점차 연결자가 되어 갔다.

※ 고객에 대한 나의 영향력평가(출처: BNI)

레벨1: 맡은 일을 사무적으로 하는 갑을 관계

레벨2: 일 관련 1년에 몇 번은 통화하거나 만나는 사이

레벨3: 특별한 일이 없어도 안부 인사하는 사이

레벨4: 일 없이도 1대1로 만날 수 있는 사이

레벨5: 내가 제공하는 서비스 이외의 문제에 대해 얘기를 나누고 해결책을 추천해 주는 사이

꿈을 이루는 마법,
역산^{逆算}의 퓨처 매핑^{Future mapping}

살아 있는 마케팅 전설 '간다 마사노리'는 일본 최고의 경영 컨설턴트로서 "성공하는 사람들은 미래로부터 역산해서 현재의 행동을 결정한다"고 하였다. 이러한 역산(逆算)적 사고는 미래의 이상적인 결과를 설정하고 그 결과를 달성하기 위해 이전의 단계를 어떻게 실행할지 방법을 찾아내게 한다. 이렇게 거꾸로 가는 백캐스트(Backcast) 방식은 단순히 갈망이 아닌, 선제적 미래 설정을 통해 잠재력을 깨워 보다 효율적이면서도 많은 해결책을 시도하도록 한다. 간다 마사노리는 많은 경영 컨설팅을 통해 성공의 패턴들을 발견하였고, 저서《스토리씽킹》에서 한 장의 차트로 요약한 것이 퓨처 매핑(Future Mapping)이다.

퓨처 매핑은 목표와 목표달성을 위한 아이디어를 도출한다. 목표를 향해 날아가도록 정교하게 설계된 자동추적장치와 같다. 시간의 흐름에 따라 상승과 하락을 반복하면서 점진적으로 우측의 목표를 향해 날아간다.

이 방식은 글보다는 이미지(챠트)를 활용하여 목표달성에 성큼 다가간다. 특히 우측 상단에 그려 넣는 목표달성 시 느끼는 120% 행복한 상태는 잠재능력을 배가시킨다. 좌뇌(논리력)와 우뇌(상상력)가 만나는 접점이 현재와 미래가 만나는 접점이며, 목표를 향해 곡선 하단 부분을 상상력을 활용하여 위로 밀어 붙이는 것이다. 전투로 치면 배수진이고 목표를 끝까지 해내는 힘, 그릿(GRIT)이라고 할 수 있다.

퓨처 매핑에는 목표달성 타임라인이 있어서 全 생애 계획, 3년 계획, 1년 계획, 3개월 계획, 1개월 계획, 주간 계획 등 기한에 따라 여러 개의 차트를 작성할 수 있다. 한 개의 차트는 반드시 하나의 액션을 동반하고, 그 액션은 킹핀을 쓰러뜨리는 무기가 된다. 주간 퓨처 매핑에 따라 매주 액션을 실천한다면 연간 52개의 액션이 이루어진다. 액션 너머에 내가 원하는 것이 있고, 액션의 횟수만큼 성공가능성은 올라간다. 여기서 더 나아가 정상적인 목표에 10배를 곱하여 대담한 목표를 정하고 도전해 보는 것이 10×퓨처 매핑이다. 그 목표는 말도 안 되는 것이지만 동시에 달성할 수도 있는 목표이고 가슴이 설렐 때 아이디어는 용솟음친다. 간다 마사노리는 인간의 능력과 잠재력은 무한하며 역산 행동방식(Backward Scheduling)과 초긍정적 셀프 이미지를 활용하면 놀라운 성과를 달성할 수 있다고 보았다. 그러나 장애물은 있다. 우리는 주로 좌뇌(논리)적 사고를 하여 왔고 우뇌(상상)적 사고를 하는 데 미숙하다. 반면 동심을 가진 아이들은 퓨처 매핑을 금방 이해하고 의심 없이 따라한다고 한다.

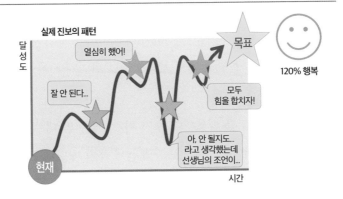

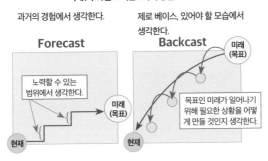

곡선의 미학 : 퓨처 매핑은 행동과 결과를 만들어 내는 툴

출처 : 서승범 코치의 10×퓨처 매핑

퓨처 매핑이 창조적 문제 해결기법으로 알려져 있지만 그 궤적은 직선이 아닌 곡선으로 진행된다. 오늘 잘되었다고 내일도 잘된다는 보장이 없다. 작은 성공과 좌절, 후퇴를 거듭하다가 목표치에 도달하고 그동안 많은 노력과 인내가 필요하다. 여러 차례 수렁에 빠졌다가 다시 올라와 보면 실력은 어느새 일취월장 향상되어 있다. 이런 패턴은 마치 골프 실력의 향상을 닮았다. 그러나 많은 도전자들이 중도에

포기하거나 무너지는 것이 현실이다. 골프뿐만 아니라 이 세상의 어떤 일도 부침 없이 우상향으로 직행하는 일은 없다. 퓨처 매핑은 미래 목표를 달성하기 위한 긍정적 셀프 이미지와 감정이입, 스토리를 활용한다.

퓨처 매핑 차트를 활용하다 보면 자기계발서의 대부분이 이 범주 안에 있다는 생각이 든다. 나도 오래전에 퓨처 매핑과 유사한 효과를 직접 경험하였다. 5년 전 재직시절, 회사에서 생애설계과정이라는 교육 프로그램을 개설하여 참여하였는데 금융 계열사에 근무하는 50세 이상 재직자들을 대상으로 한 2박3일의 합숙 교육이었다. 교육 직전 시행한 자체 설문조사에서 80% 이상이 55세에 퇴직하는 것이 목표이고, 퇴직 후에는 대부분 다른 직종에서 일하고 싶다고 했다. 모두 억대 연봉자들인데 지금 생각하면 언뜻 이해가 되지 않는 부분이다. 수업은 실습과 롤 플레이로 이루어졌고, 각자 퇴직 후 하고 싶은 일과 기대월수입을 발표하는 시간을 가졌다. 이때 발표한 내용이 이후 나의 생활패턴을 지배해 왔다는 것을 최근에야 알았다.

발표자들은 대부분 금융 계열을 벗어나고 싶어 했고, 월소득 목표도 대략 300만 원에서 1,000만 원 정도였다. 그러나 나는 호기를 부렸다. 퇴직 후 월수입 1억 원을 벌겠다고 발표한 것이다. 월 1,000만 원을 버는 사람이 월 1억을 버는 사람보다 일을 10배 더 한다고 생각지 않았고 스케일의 차이로만 보였다. 시작의 차이, 사업구조의 차이, 창의력의 차이로 본 것이다.

목표가 정해지자 나는 평범한 직장인에서 인플루언서(영향력 있는 사람)로 변신하는 것에 집중했다. 이후 나는 55세에 퇴직을 하였고 각종 세미나와 비즈니스 모임 참가, 3권의 책 출판, 블로그와 유튜브 크리에이터, 스마트폰 강사, 신문 칼럼과 시민기자 등 남들이 하지 않는 일만 하는 이상한 사람이 되어 갔다. 외적인 성과는 미흡했지만 스스로 성장하고 있다는 생각이 들었다. 최근에는 강남에서 〈창업과 투자 스쿨〉을 개설하여 좋은 강연을 하고 있다. 회의적으로 지켜보는 시각도 있었지만 내 안의 모든 잠재력이 쏟아져 나온 시간이었다.

한때 비트코인 투자로 월 1억 원 이상을 버는 달도 몇 번 있었다. 실력으로 번 돈이 아니라 운 좋게 번 돈이기 때문에 끝까지 지켜내지는 못했다. 중요한 점은 내가 애초에 욕망하지 않았더라면 도저히 벌 수 없는 돈이었다.

인생의 목표와 구체적인 계획이 있는 사람은 전체의 3% 정도라고 한다. 퓨처 매핑은 그 3%를 만드는 최고의 도구임이 틀림없다. 우리가 상상하지 않았던 일은 현실에서 절대 이루어지지 않는다. 돌이켜 보면 지금의 나를 만든 것은 바로 그때의 좀 황당한 목표였다. 10× 목표는 혼자서는 이루어낼 수 없는 것이어야 하고 말도 안 되는 것이어야 한다. 동시에 반드시 달성하는 방법이 있다고 생각해야 한다. 어중간한 목표나 어중간한 행동은 실패를 예약한다. 누군가를 흉내 내는 것이 아니라 나만의 독특한 방식이 있어야 한다. 사람은 자신의 장점을 과소평가하는 경향이 있다. 나만의 장점에 집중하면서 나만의 목소리에 몰입해야 한다. 가슴 설레는 목표와 지속적인 행동은 내 안의 잠재력이 나를 돕게 만든다. 나를 지지해 주는 든든한 응원군이 있거나 지속 성장할 수 있는 커뮤니티에 속해 있으면 더욱 확실하다.

만다라 차트와 비즈니스 설계도

내가 사토 덴의 《나홀로 비즈니스》와 간다 마사노리의 '퓨처 매핑'을 알게 된 것은 서승범 코치를 통해서이다. 서승범 코치는 최근 출판된 《비상식적 성공법칙》의 역자이며 일본인 사토 덴과 간다 마사노리로부터 직접 배우고 있는 유일한 한국인 제자이다. 이번 장에서는 서승범 코치의 《나홀로 비즈니스》 강의에서 핵심요소인 '만다라 차트와 비즈니스 설계도'를 소개하고자 한다.

1 만다라 차트

핵심목표를 달성하기 위한 도구로 만다라 차트가 있다. 일본의 유명 야구선수인 오타니 쇼헤이가 메이저리그 진출이란 꿈을 위해 계획하고 실천한 결정적 성공비법으로 알려져 있다. 하지만 이보다 앞서 비

그림 A: 나홀로 비즈니스			그림 B: 퍼스널 브랜딩		
WEB & 시스템	모객 & 마케팅	머니 & 전략	베스트샷 (사진)이 있습니까?	복장은 어떻게 합니까? 예)일본옷 etc	당신이 사용하는 소품은? 안경이나 악세사리 등
퍼스널 브랜딩	나홀로 비지니스	성공/사고/행동 습관/습관/습관	당신을 상징하는 색은 무엇입니까?	PB	당신을 상징하는 늘 하는 그런 동작이 있습니까?
컨텐츠 & 상품	미션 & 비전	팀 & 커뮤니티	자기 소개로 특징을 낼 수 있습니까?	어떤 전문가라고 자칭합니까?	로고를 만들면 명함이나 자료로 활용 가능

만다라 차트로 핵심역량 찾기

출처 : 서승범 코치 자료

즈니스에 접목한 사람이 사토 덴이다.

사토 덴의 《나홀로 비즈니스》는 8개의 핵심역량을 (그림 A)와 같이 정하고, 각각의 핵심역량을 달성하기 위해 세부요소 8개를 다시 찾는다. 예를 들면 (그림 A)의 '퍼스널 브랜딩' 달성을 위한 핵심역량 8개를 (그림 B)와 같이 다시 찾는 방식이다. 이런 식으로 문제해결을 위해 만다라 차트를 작성해 나가면 총 64가지(8×8=64)의 항목이 나온다.

2 3단계 비즈니스 설계도

설계도를 만들지 않고 나홀로 비즈니스를 시작하는 것은 설계도 없이 집을 짓는 것과 같다. 설계도는 중간에 바뀔 수 있지만 큰 틀이 있어야 한다. 출발하기 전에 비즈니스 설계도가 있어야 도중에 살을 붙일 수 있고, 막연한 출발은 마지막에 큰 불행을 초래하기 쉽다. 사토

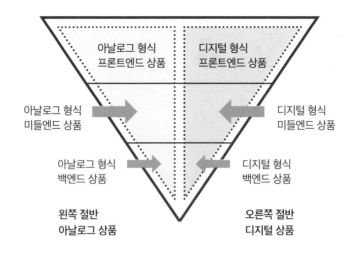

완성된 나홀로 비즈니스 설계도 퍼널 (합계 6개 상품)

출처 : 서승범 코치 자료

덴이 추천하는 비즈니스 설계도는 그림과 같이 상, 중, 하의 3개 계층의 상품으로 구성되어 있어야 한다.

① 무료에서 10만 원까지

　프론트엔드(3만 원의 상품을 프론트로 가정)

② 10만 원에서 100만 원까지

　미들엔드(미들에는 그 10배인 30만 원)

③ 100만 원부터 1,000만 원까지

　백엔드(30만 원의 10배에 해당하는 300만 원)

설계도는 깔때기(퍼널) 구조이다. 최초에는 많은 고객들이 프론트엔드 상품을 접하고, 다음 단계로 자연스럽게 안내되어 미들엔드나 백엔드 계약으로 유도되는 구조를 갖춘다. 성공적인 비즈니스를 위해서는 프론트엔드 상품뿐만이 아니라 수익성 높은 미들엔드와 백엔드 상품이 반드시 있어야 한다. 주변에서 나홀로 비즈니스가 잘 안 되는 사람을 살펴보면 프론트엔드 상품만 회전시키려고 한다. 미들 · 백엔드라고 하는 상위 개념의 상품을 준비하지 않으면 몸만 바쁘고 사업은 지지부진해진다.

세상에는 두 종류의 상품, 즉 니즈 상품과 원츠 상품이 있다. 니즈(Needs) 상품은 최소한 있으면 좋겠다는 것이고, 원츠(Wants) 상품은 반드시 이것도 갖고 싶다고 하는 욕망을 만족시키는 수준 높은 상품을 말한다. 니즈를 만족시키는 저렴한 상품이 아니라 원츠를 만족시키는 고단가 상품을 갖는 것이 나홀로 비즈니스에서는 필수적이다. 왜냐하면 단가 10만 원짜리 상품 고객 100명보다는 단가 1,000만 원짜리 상품 고객 1명에게 집중하는 것이 훨씬 쉽기 때문이다.

비즈니스는 판매형식에 따라 다시 아날로그와 디지털 형식으로 나눌 수 있다. 처음에 3단계로 나눈 상품을 다시 세로로 나눔으로써 합계 6개의 상품을 만들 수 있다. 아날로그나 디지털 형식 하나만 고집할 필요가 없고, 다양한 방식의 조합으로 백엔드 상품인 아래쪽으로 고객을 유도해 나가면 된다. 이때 백엔드 상품의 선택은 고객이 하는 것임으로 지레짐작으로 미리 포기할 필요가 없다. 세상에는 본인이 모르는 특별한 수요가 항상 존재한다.

부의 추월차선
(엠제이 드마코)

"대기업에 취업했다고, 공무원이 되었다고 당신의 인생이 성공했다고 착각하지 마라. 그래봤자 일주일에 5일을 노예처럼 일하고 노예처럼 일하기 위해 2일을 쉰다."

엠제이 드마코가 쓴 《부의 추월차선》의 표지내용이다. 작가는 부자들이 말해 주지 않는 진정한 부를 얻는 방법을 설명하면서 부의 추월차선으로 세 가지 유형을 제시한다.

첫째, 인도(人道)로 가는 차선은 가난하다. 부자처럼 보이는 것과 진짜 부자인 것의 차이가 있다. 건강과 시간이 있어야 진짜 부자이다. 평범하다는 것은 현대판 노예다. 돈으로 자유를 살 수 있고, 자유는 행복가능성을 높인다.

둘째, 서행차선으로 가는 길은 평범한 삶이다. 책임을 진다는 것은 부자가 되는 길이다. 절약만으로 절대 부자가 될 수 없다. 서행차선은 시간을 돈으로 바꾸는 것이고, 인내가 필요하다. 방법이 평범하면 결과도 평범하다.

셋째, 추월차선으로 가는 것이 부자가 되는 길이다. 추월차선을 달리는 사람은 기업가, 혁신가, 생산가, 창조가들이다. 이들은 돈을 기하급수적으로 번다.

"노동시간을 늘려서 열심히 일하는 것(근로소득)은 우매한 일이며 돈은 도구(시스템)를 활용하여 기하급수적으로 버는 것이다. 부는 하나의 공식이며 인생 한방을 노린다면 가난하다. 부는 행운이 아니라 과정(시스템)을 통해 부자가 되기 때문이다. 이런 것에 대한 개념이 없다면 영원히 노동의 굴레에서 벗어날 수가 없다."

또한 엠제이 드마코는 부의 추월차선에서 '영향력의 법칙'과 '승자의 정체성'을 강조한다.

영향력의 법칙

드마코는 수만 명에게 영향을 끼칠 수 있는 사람이 큰 수입을 올릴 수 있다고 한다. 프로 야구선수나 연예인, 유명 가수가 돈을 버는 것은 수십~수백만 명에 영향을 미쳤기 때문이다. 돈의 출처를 따라가면 수백만 명의 관심이 존재한다. 그들 사이에서 관심을 받는 것, 즉 유명인이 되는 것은 곧 부자가 되는 길이다.

승자의 정체성

결코 자신 없는 태도를 밖으로 드러내지 마라. 우리는 승자의 정체성을 지녀야 한다. 승자는 기회를 끌어들이는 사람이다.

5장

돈이 들어오는
파이프라인

파블로^{Pablo}와 브루노의
'파이프라인 우화^{寓話}'

버크 헤지스의 《파이프라인 우화》에 나오는 이야기이다. 이탈리아 시골 마을에 사촌 간인 파블로와 브루노라는 두 젊은이가 살았다. 어느 날 마을 물탱크에서 식수가 줄어들자 마을 사람들은 가까운 강에서 강물을 길어 나를 사람을 구했다. 파블로와 브루노는 그 일을 자원했고 날마다 열심히 물을 길어서 물탱크에 물을 가득 채웠다. 마을 지도자는 물 한 통에 1페니씩 계산하여 그들에게 하루 품삯을 주었다. 브루노는 자신에게 행운이 찾아왔다며 매우 기뻐했지만 파블로는 자신이 꿈꾸어 온 게 이런 건 아니라고 생각했다.

그가 생각한 아이디어는 파이프라인이었다. 파블로는 브루노에게 마을로 물을 끌어오는 파이프라인을 건설하자고 제안했지만 브루노는 실현성이 없다면서 거절했다. 그러자 파블로는 물을 나르지 않는 시간에 혼자서 파이프라인을 건설하기 시작했고 마을 사람들은 그를 미치광이로 보았다. 1년 후 드디어 파이프라인이 완성되었고 파블로는 더 이상 물통을 짊어지고 옮길 필요가 없어졌다. 더 이상 물을 길어 나를 일이 없어진 파블로와 브루노에게 일자리가 사라졌다. 파블로는 이웃 마을에도 파이프라인을 건설하는 방법을 전수해 주었고, 그 후 파블로는 꿈꾸었던 풍요로운 생활을 즐겼다. 브루노는 친근하고 안정적으로 보이는 것에 안주했지만 한평생 가난하게 살았다.

돈을 버는 것은 파블로처럼 자신의 파이프라인을 만드는 것이고, 그 파이프라인은 자는 시간에도 나를 위해 돈을 번다. 자본주의 시장에서 돈을 버는 것은 파블로와 같은 사람이고, 이런 기업을 찾아서 투자하는 것이다. 부자들은 돈보다 시간을 소중히 여기고 아웃소싱을 잘한다. 돈을 버는 것은 시간을 버는 것이다.

한편 사람은 열정과 기쁨을 느낄 수 있는 일을 할 때 그 일을 가장 잘할 수 있다. 인생 제2라운드, 중년에는 우리가 좋아하고 보람을 느끼는 일에 도전해야 한다.

"자신이 어떤 사람인지 생각하고, 자신이 좋아하는 일이 무엇인지 생각하시오."

《보도 섀퍼의 돈》에 나오는 말이다. 현실은 우리가 좋아하는 것과 잘하는 것과 돈 버는 것이 일치하지 않을 수 있다. 내가 잘하는 일 vs. 돈 되는 일의 시스템 구축에는 시간이 걸리기도 하지만 가야 할 조합이다.

숨 쉴 때마다
돈 버는 사람들

요즘 부쩍 많아진 1인 기업의 이름도 다양하다. N잡러, 폴리매스 (다재다능 박식가), 프리랜서로 불리고 이들은 복수의 수입원을 가지고 있다. 사무실 없는 이들은 일명 '방구석 마케터'라고도 불리며 코로나로 인해 대면 활동이 막히자 온라인 강의와 위탁판매로 수익을 창출해왔다. 이들은 블로그, 유튜브, 온라인 카페를 운영하고 네이버 스마트스토어나 아마존, 쿠팡 등에 계정을 가지고 본인 제품과 위탁상품 모두를 판매한다. 어떤 이들은 아마존에서 호미, 갓 등을 판매하고, 이베이에서 물건을 구입하여 아마존에 되팔기도 한다. 이런 베테랑들은 온라인 판매경력이 4~5년 이상이고 돈이 들어오는 파이프라인만 10~20개 정도이다. 온라인 시장의 경쟁은 갈수록 치열해서 아이템 하나로 대박이 나는 일은 거의 없다. 다양한 아이템과 꾸준한 노력으로 월수입 천만 원을 넘기는 사람들도 간간이 있다.

　종전에는 학원이나 공용 사무실에서 이루어지던 강의들이 인터넷 강의로 많이 전환되었다. 온라인으로 판매하는 강의는 부동산, 주식, 마케팅, 문서 작성, 메타버스, 유튜브 · 블로그 · 인스타그램 운영 노하우, 정부지원사업과 창업 등 모든 분야를 포함한다.

　이들은 새로 출시되는 프로그램이나 제도를 먼저 익히고 나서 일반인들에게 다시 가르치는 훌륭한 교사들이다. 온라인과 오픈 채팅방에서 수강생을 직접 모집하고 유 · 무료 강의를 병행한다. 실시간 줌 강의 이후에는 녹화된 영상을 여러 커뮤니티에 올려 다시 영상을 판매하기도 한다. 시리즈로 진행되는 강의의 경우 강의 전문 플랫폼에 올리면 수강료가 수만 원에서 수백만 원까지 한다. 강사료 산정에는 3단계 법칙과 10배 가격의 법칙이 숨어 있다. 오픈 채팅방에서 최초 강의는 1~2만 원이지만 다음 번 시리즈 강의는 20~30만 원이고, 심화학습이나 강사양성 과정, 연회원 회비는 300만 원을 넘어간다. 이러한 방식은 미리 설계된 것이고 경험칙에 근거한 '판매의 기술'이다.

　카톡방에는 아마존 마케팅 특강, 네이버 검색 상단노출방법, 메타버스 강의 등 혼자서 접근하기 어려운 노하우를 알려주는 고수들이 많다. 구매자 입장에서는 집에서 필요한 강의를 저렴한 가격으로 들어서 좋은 일이고, 강의 판매자 입장에서는 PPT 강의안과 영상을 한 번 만들어 놓으면 여러 채널을 통해 재판매할 수 있다.

　사실 온라인에는 두 부류의 사람들이 있다. 계속 배우기만 하는 사람, 일단 배우고 완성되지 않았지만 30% 정도 선에서 그 분야의 프론티어가 되어 강의를 시작하는 사람들이다. 이처럼 초보가 왕초보를 가르치는 비즈니스 전략은 실패가 거의 없다. 이들은 대중을 두려워하지 않고 인터넷을 잘 다루며 새로운 도전을 서슴치 않는다. 참으로 존경할 만하다. 회사를 조기 퇴사하고 이후 10잡러 프리랜서가 되는 것을 목표로 세운 젊은이를 만날 수 있었는데, 뛰어난 강사들은 30~40대 젊은 층이고 남성보다는 여성들이 많다.

나도 SNS 운영 관련하여 온라인으로 여러 강의를 들었고 덕분에 스마트폰 강사까지 되었다. 다만, 은퇴자들이 이런 유형의 온라인 비즈니스에서 젊은 세대들과 경쟁하고자 한다면, 애벌레가 나비가 되는 고단한 과정을 견뎌내야 할 것 같다. 그렇다고 포기할 수는 없다. 인터넷과 온라인 채널은 거미줄 같은 망을 가진 훌륭한 영업사원이기 때문이다. 콘텐츠를 가진 N잡러들은 이제 하나의 직업군으로 자리 잡았다. 업무의 포트폴리오로 볼 수 있고 매출과 스트레스가 분산되기 때문에 수입만 괜찮다면 부러운 프리랜서들이다.

30개의 파이프라인을 가진
1인 기업

1인 기업 중 백미는 전직 간호사 출신이자 《오늘부터 1인 기업》의 저자인 최서연 대표이다. 최 대표는 인세를 포함하여 블로그, 유튜브, 스마트스토어, 강의료 등 다양한 수입원을 가지고 있으며 돈이 들어오는 파이프라인만 30개 정도이다. 최 대표는 '수강생이 돈을 벌게 해주는 강의'가 최고의 강의라고 말한다. 그리고 수강료를 결재한 사람들에게 강의 링크를 보내주고 줌 강의에 참여하도록 한다. 최 대표는 시간관리 및 일정관리를 해주는 3p바인더와 디지털마인드맵 강사이기도 하다. 새로운 디지털 기술이 나오면 먼저 배우고 이후 심화학습과정을 한 번 더 수강한 다음에 전문 강사로 변신해서 자신의 커뮤니티와 매체를 통해 강의 상품을 판매하는 방식이다.

스마트스토어에서는 다양한 형태의 상품(위탁, 사입, 자체제조)을 판매하는데 네이버쇼핑에서도 검색이 된다. 지금까지 스마트스토어에서 판매한 상품유형만 100개가 넘고 취급상품도 생활용품, 잡화, 패션, 강의노트, 교육자료, 영상강의 등 다양하다. 이런 방식의 플랫폼 영업은 소비자니즈 파악, 유통의 흐름을 이해할 수 있고 내가 바로 생산자가 될 수도 있다.

판매방식도 다양하고 오묘하다. 자신의 제품과 타인의 상품, 온라인과 오프라인 판매, 제품과 서비스 판매, 직접 판매와 대리 판매 등 다양한 도구로 수입원을 넓히는 것이다.

스마트스토어를 하나의 SNS로 생각하는데, 자고 일어나면 주문이 하나씩 들어와 있다고 한다. '책 먹는 여자' 최서연 대표는 독서모임을 운영하고 이들과 공저로 책을 내기도 하였다. 비즈니스를 처음 시작하는 1인 기업 대표들과 경험을 공유하고 〈더빅리치 캠퍼스〉라는 네이버 카페를 운영한다. 매일 꿈 리스트와 감사의 일기를 쓰고 있기도 하다.

최 대표처럼 성공한 1인 기업가들은 다음과 같이 말한다.

- 아침에 자고 일어나면 주문이 항상 들어와 있다.
- 나는 침대에 누워서 받는 매출이 90프로 이상이다.
- 내가 숨을 쉴 때마다 돈이 들어온다.
- 나는 방구석에서 세계를 상대로 수출한다.

대＊충돌,
플랫폼 기업과 전통 기업

개인사업자들에게 네이버나 구글은 '광고 시장'이다. 네이버 파워
링크 광고를 이용하여 온라인 판매를 하는 지인의 경우, 총수익의 3
분의 1 정도를 네이버 광고비로 지출한다. 광고비는 최고입찰가 방식
이라서 스스로 높은 금액을 낼수록 광고노출은 잘된다. 인기검색어에
해당되는 보험용어의 경우 파워링크 검색가격은 한 번 클릭당 3~4만
원대이다(카카오톡 M−자비스에서 조회).

광고료 지출이 많아도 개인 사업자들에게 네이버 광고는 필수요
소가 되었고, 이제 네이버 광고가 없다면 주문을 거의 받을 수 없다고
한다. 최근 개시된 네이버 플레이스(지도) 광고는 원하는 장소에서 원
하는 업종을 찾는 이용자에게 최적화되어 있다. 이용자가 지역과 업
종·업체 또는 특정 장소를 검색하면 네이버 통합검색의 플레이스 영

카카오T(카카오)	택시기사, 대리운전기사
카카오뱅크(카카오)	은행 등 기존 금융권
배달의 민족(우아한 형제들)	요식업주
쿠팡(쿠팡)	소상공인, 자영업자
직방(직방)	공인중개사
야놀자(야놀자)	숙박업주
로톡(로앤컴퍼니)	변호사
강남언니(힐링페이퍼)	의사

플랫폼 기업과 전통 업체 간의 충돌 현황

출처 : 〈매일경제신문(2021년 9월 8일)〉

역과 지도검색 결과 및 메뉴까지 네이티브 광고형태로 노출된다. 홈페이지나 웹 사이트가 없어도 실제 매장만 있으면 신청이 가능하고 클릭당 50원부터 10만 원까지 가능하다. 검색자가 업종조회 후 광고주 플레이스로 이동하거나 예약 또는 주문시에 광고비가 과금(課金)된다.

검색광고는 최고입찰가 방식이어서 오늘 최상단에 노출되어도 고가입찰가에게 언제든지 밀릴 수 있다. 그리고 가입자가 많아지면 동일한 광고비에도 노출률은 점점 떨어진다. 깃발이라고 불리는 배달의 민족 울트라콜의 노출률이 점점 떨어지는 것과 같은 이치이다.

위의 도표는 〈매일경제신문(2021년 9월 8일)〉 기사 내용으로 신사업에 진출한 플랫폼 기업과 전통 업체(중소사업자) 간의 충돌 현황이다. 카카오와 택시업계, 로톡과 대한변협, 쿠팡과 자영업자, 직방과

공인중개사, 배달의 민족과 요식업주, 야놀자(숙박)와 숙박업주 등이 있다.

카카오나 배달의 민족 등 플랫폼 기업으로 인해 소비자 선택은 편리해졌으나 이를 통해 제품이나 서비스를 제공하는 자영업자들은 광고비와 수수료를 울며 겨자 먹기로 지불해야 함으로 종전에 없던 지출이 매월 발생하고 있다. 플랫폼 기업에서 광고비와 수수료를 올릴 때마다 중소상공인은 감수해야 하고 이들은 자신들이 플랫폼 기업의 노예가 되었다며 울분을 터뜨리고 있다. TV 한 프로그램에서 모텔 사장이 숙박 플랫폼 야놀자에 광고비와 수수료 명목으로 매달 700만 원을 지급한다고 하소연하였다. 야놀자의 경우 광고비(최고 500만 원)와 수수료(매출의 10%)를 받고 있다. 게다가 모텔을 직접 인수하여 직영업체까지 운영한다고 한다. 중개 플랫폼이 판매회사를 직접 인수하는 방식은 심판이 선수가 되어 판매자와 시합하는 격이다. 미국에서는 아마존드(Amazoned)라는 신조어가 생겼는데 이는 아마존이 들어온 업계에서는 기존 업체가 모두 망하여 황폐화된다는 뜻이다. 같은 의미로 우리나라에서는 카카오드(Kakaoed)라는 신조어가 있다.

한때는 플랫폼 기업이 혁신기업 대표주자로 각광을 받았지만 이들이 기존 사업자에게 과도한 수수료를 요구하고 분쟁이 발생하자 국회와 정부는 규제 카드를 내놓았다. 4차 산업을 리드한다는 혁신 기업에게 '동일기능 동일규제'라는 전통 기업의 굴레를 다시 씌운 것이다. 플랫폼 기업이 기존 골목상권을 단시일 내 종속시키거나 초토화시키는 점은 외국에서도 마찬가지여서 미국이나 중국에서도 유사한 규제 움직임이 있다.

하지만 정부규제에도 딜레마가 있다. 한때는 4차 혁명시대의 혁신 기업으로 정부가 장려한 적도 있었고, 온라인 기업으로 가는 것이 세계적인 추세인데 종국에는 효율성 높은 외국 플랫폼 기업과 경쟁을 해야 한다. 지나친 정부규제는 혁신을 저해하고 기존의 전통적 방식은 국내 플랫폼이 아니어도 어차피 외국계 대형 플랫폼에 잡아먹힐 운명이라는 사실이다.

우리도 이미 선례를 가지고 있다. 택시업계와 카풀 분쟁에서 정부는 택시업계의 손을 들어주었고, '타다 금지법'으로 차량 공유 운행 시스템을 완전 금지하였다. 그 결과 미국이나 유럽에서는 카풀 제도가 매우 효율적으로 운영되고 있지만 우리나라에서 카풀이 완전히 사라졌다. 언제까지 택시업계를 지원할지, 조만간 자율주행 택시가 쏟아져 나오는데도 기존 택시업계와 운전기사들을 지속적으로 보호할 수 있을지, 지금 어떤 준비를 하고 있는지 의문이 든다. 이 분쟁에서는 뒤늦게 정부와 국회가 나서는 바람에 카카오가 백기를 들었지만, 이제 정부의 보호가 없다면 전통 산업과 소상공인들은 플랫폼 기업의 공격에 속수무책이다.

재화나 서비스가 거대 플랫폼 위에서 거래되는 방식은 향후 더 가속화되고 플랫폼 기업은 더 커질 것이며 여기 종속되는 노동자들도 늘어날 것이다. 지금까지 사례를 보면 플랫폼 업체는 1등과 2등만 생존하는 것이 공식이 되었다. 배민과 요기요, 야놀자와 여기 어때, 직방과 다방, 쿠팡과 이베이 코리아, 네이버와 다음처럼 미래 시장은 1등과 2등만이 수익성 있는 사업을 한다. 여기서 새롭게 창출되는 일자리도 플랫폼 업체에 종속되는 노동자 일자리이다. 이는 과거에 비하면 저급의 일자리이며 플랫폼에 예속된 노동자들은 새로운 형태의 노동자로서 회사로부터 정규직처럼 보호받지를 못한다. 배달의 민족이나 쿠팡, 아마존 등에서 산재처리와 관련된 분쟁, 노사분쟁 등이 빈발하는 이유이기도 하다.

아마존드라는 말에서 보듯이 IT 기술을 가진 플랫폼 기업은 외국에서도 골리앗이고 난공불락이다. 아마존, 구글, 애플, 페이스북(메타) 같은 기업은 기존 자동차 대기업에 비해 직원 수는 절반이지만 시가총액은 무려 10배 이상이라고 한다. 이렇게 부가 상위 1%에 집중되는 현상을 '파바로티 효과'라고 부른다. 이는 이탈리아 최고 가수 루치아노 파바로티 음반 이외에 다른 음반은 팔리지 않는다는 데서 유래하였다.

새로운 플랫폼을 찾아서
(블로그, 유튜브, 틱톡, 오디오콘텐츠, 스마트스토어)

코로나가 다소 진정되고 나서 학교에서는 대면 수업이 시작되었다. 그러나 중고등학생, 대학생, 대학원생 등 모든 학생들은 대면 수업보다 온라인 수업을 더 선호한다. 내가 다니는 대학원의 경우 대면과 온라인 수업을 병행하였을 때 온라인 수업 수강자가 압도적으로 많았다. 고등학교에 다니는, 내 친구의 딸은 아예 학교를 그만두려고 한다. 지인인 초등학교 교사마저도 온라인 수업을 선호한다.

그동안 사람들이 온라인의 단맛을 만끽하였다. 유통에서도 온라인 상품 매출이 지속적으로 늘고 있다. 코로나 유행은 사회문화적으로 큰 변곡점이 되고 말았다.

1 블로그와 유튜브

네이버와 구글, 유튜브는 1인 기업 마케팅에서 놓칠 수 없는 부분이다. 우리나라 검색시장 점유율은 네이버 57%, 구글 33%, 다음 7%이다. 인구의 80%가량이 하루 평균 1시간 정도(월 30시간) 유튜브를 시청하고 SNS 중에서 가장 오래 머문다.

나는 2019년경 보험 관련 책을 준비하면서 초고를 출판사에 넘기기 전에 네이버 블로그에 올렸다. 교통사고 관련하여 다양한 대응사례를 올리자 반응이 좋았다. 글을 올리자마자 하루 방문객이 1~200명 정도가 되더니 나중에는 하루 500명 이상이 되었다. 예상 외의 반응에 놀랐으나 그것이 전부였다. 시간이 갈수록 방문객이 줄었다. 콘텐츠가 늘어나는 데도 검색해서 들어오는 사람들의 수는 점차 줄어드는 기현상이 발생했다. 네이버 검색 알고리즘 방식이 초기 콘텐츠를 집중 추천했다가 날이 갈수록 우선순위를 낮추는 것 같았다.

블로그 조회 수가 줄어들면서 페이스북과 함께 인스타그램을 시작했다. 하지만 인스타그램은 주로 10~30대 젊은이들의 소통 도구였고 사진과 짤막한 영상으로 의류나 화장품 판매, 맛집 광고로 제격이었다. 2019년에는 유튜브 광풍으로 많은 블로거들이 보상에 인색한 네이버 블로그에서 보상이 확실한 유튜브로 옮겨가고 있었다. 글 쓰는 것보다 말하는 것이 내게는 훨씬 힘든 일이었지만 나도 이때부터 유튜브를 시작했다. 혼자서 카메라를 설치하고 영상을 찍었지만 목도 아프고 모습이 엉성하였다. 포기할까, 몇 번 망설이다가 일단 유튜브 편집을 외부에 맡겼다. 점차 비용도 부담되고 편집시간도 오래 걸려서 내가 직접 배워서 하는 편이 더 나았다. 편집 프로그램인 곰믹스와

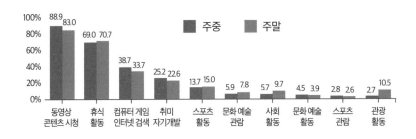

여가시간 활용 실태

주중과 주말 모두 동영상 콘텐츠 시청, 휴식, 컴퓨터 게임·인터넷 검색 등의 순으로 여가시간을
활용하는 것으로 나타났다. 주말에는 휴식, 스포츠, 사회활동, 관광 등의 비중이 주중보다 더 높다.
출처 : 통계청 2021년 사회조사 결과

프리미어프로를 배웠고, 썸네일은 구글 미리캔버스에서 만들었다.

② 틱톡, 오디오콘텐츠, 라이브커머스, 스마트스토어

유튜브가 지식과 돈 버는 방법까지 알려주는 '공짜 대학'으로 알려져
있지만 이에 도전하는 크고 작은 경쟁자들이 많다. 짧은 영상을 제공
하는 틱톡이나 오디오 콘텐츠, 그 외에도 유료 강연과 수업을 진행하
는 클래스101, 탈잉 같은 곳도 많은 사람들이 찾는다.

① 틱톡

틱톡은 짧은 동영상(15초, 60초, 180초)으로 유튜브 시장을 조금씩
잠식해 나가고 있다. 음악과 댄스, 짤막한 정보 등 재능 있는 청년
들이 즐거움을 선사한다. 즉각적이고, 시각과 청각을 동시에 만족
시키는 점 때문에 Z세대의 취향에 맞다. 이들은 트위터(문자)와 유

튜브(영상)에서 인스타그램(사진, 영상, 문자)과 틱톡으로 옮겨가는 추세이다.

② 오디오 콘텐츠

유튜브 전성시대이지만 오디오클립, 팟빵(podbbang) 방송, 책읽어 주는 오디오 북 등 음성 콘텐츠는 색다른 느낌을 준다. 10대와 20대는 오디오 콘텐츠를 라디오처럼 듣는다. 오디오 플랫폼인 지니 뮤직은 AI 성우의 음성합성기술을 활용하고자 밀리의 서재를 인수하여 수만 권의 책을 오디오 콘텐츠로 전환하고 있다. 나도 밀리의 서재 애청자이다.

③ 라이브커머스

라이브커머스는 실시간 채팅으로 소비자와 소통하면서 상품을 소개하는 스트리밍 방송이다. 온라인 채널로 소통과 쇼핑을 결합해 재미를 극대화하고 있다. 네이버의 쇼핑 라이브, 카카오의 톡 딜 라이브, CJ올리브영의 올라이브 등이 국내 대표적 라이브커머스 플랫폼이다. 2020년 라이브커머스 시장은 3조 원이었으나 2023년에는 10조 원으로 예상이 된다. 쇼호스트학원 김효석 대표는 라이브커머스가 이제 시작단계라고 이야기한다.

④ 스마트스토어

스마트스토어는 쇼핑몰과 블로그의 장점을 결합한 블로그형 원스톱 쇼핑몰 구축 솔루션이다. 네이버의 다양한 판매 영역과 검색 결과에 상품을 노출시킬 수 있고 네이버페이 결제 수수료를 제외하면 추가 운영비가 없다. 상품 구매는 네이버페이를 통해 이루어진다. 결제기능이 있는 네이버 스마트스토어는 개인의 유·무형의 상품을 팔 수 있도록 최적화되어 있다. 네이버 아이디를 사용하여 블로그 만들기와 유사한 방식으로 스토어를 간단히 만들고, 여기에서 생활용품, 잡화, 생활건강용품, 인테리어, 강의영상 등을 판매한다. 스마트스토어에서 사업자등록 없이 개인판매자로 판매 가능한 연간매출액은 4,400만 원 이하이고, 연간 구매확정 수가 50건 미만이면 통신판매업 신고를 하지 않아도 된다. 해당 조건 초과시에는 팝업창이 뜨거나 네이버 메일이 온다. 나도 내가 출판한 책을 스마트스토어에서 직접 판매하게 되었다.

월 5,000만 원 정도의 매출을 올린다는 유튜브 신사임당 채널의 유튜버 주언규 씨는 다음과 같이 조언한다.

"블로그나 스마트스토어를 키우는 데 가장 중요한 것은 반복과 진화인데, 중간 중간에 사건이 생기지만 방향이 맞으면 긍정적 피드백과 기회가 온다. 단 계획에는 실패까지 포함해야 하고 계속 실패해도 망하지 않을 정도로 돈을 벌 때까지 지속적으로 투입해야 한다."

주언규 씨는 2016년에 유튜브를 시작했으나 5~6차례 실패를 거듭하다가 스마트스토어 활용법과 유명인 인터뷰 영상으로 신사임당 채널(구독자 165만 명)을 성공시켰다. 그는 유튜브 외에도 클래스101 유료 강연과 네이버 스마트스토어를 운영한다.

③ SNS 비교

① 페이스북

기록의 휘발성이 크고 검색이 되지 않는다. 같은 부류 사람들과 횡적 교류가 잦다.

② 인스타그램

검색 기능에 장점이 있고 짤막한 글과 영상, 사진으로 속도감을 좋아하는 청년층이 선호한다.

③ 블로그

검색시장에서 압도적 1위인 네이버 블로그는 SNS 마케팅에서 가장 기본이자 메인 기지이다. 많은 사람들이 노출빈도를 높이려고 노력하는데, 블로그 안에 네이버TV 동영상이 들어 있다면 동일한 조건에서 검색 시 노출확률은 수십 배로 올라간다. SNS는 노출이 생명이다. 사진이 있는 포스팅과 반려견, 인물사진, 풍경사진이 선호되고 상대적으로 검색이 잘 된다.

귀농 유튜버와
삼프로 TV

귀농 유튜버, 솔바위농원

내가 운영하는 유튜브 채널 '보험구조대'를 확장하고 싶어서 친구 소개로 농사짓는 방법을 알려주는 귀농 유튜버 '솔바위 농원'을 찾아갔다. 평택에 있는 솔바위 농원을 갔을 때 당시 구독자가 15만 명이 넘었는데도 불구하고 쉽게 촬영하고 쉽게 편집하는 것에 놀랐다. 비닐하우스 안에서 이야기를 하던 도중에, 들고 있던 스마트폰을 삼각대에 끼우더니 마이크도 없이 바로 촬영했다.

영상 편집은 블로(VLLO)라는 앱을 사용하여 휴대폰으로 직접 하였고, 썸네일은 글씨팡팡을 쓰고 있었다. 좋은 스튜디오, 카메라와 마이크, 조명 등도 전혀 필요 없었다. 다만 촬영 도중에 시청자들과 소통하기 위해 많이 노력하였고 또박또박 하는 설명이 알아듣기 쉬웠다. 당시 손보달 대표는 유튜브 수입 이외에도 본인과 동네 사람들의 농산물까지 주문받아 판매하고 있었는데 최근에는 농업기술센터, 포스코 등 기업강의에도 출강하여 귀농을 희망하는 예비퇴직자들을 교육하고 있다.

정체성正體性을 찾은 삼프로TV

유튜브 운영을 더 배우고자 150만 명의 구독자를 가진 삼프로TV 김동환 대표님을 찾아가서 자문을 구했다. 진짜 전문가란 미세한 차이를 아는 것이다.

유튜브 성공의 요소로 보통은 정보전달, 흥미를 이야기한다. 하지만 김동환 대표는 유튜브의 동질성, 썸네일과 제목의 중요성을 이야기하였다. 구독자 확산의 계기로는 다른 대형 유튜버와의 콜라보 방송을 강조했다. 반면 영상의 품질과 스튜디오의 수준은 문제가 안 된다. 시청자들의 가려운 곳을 긁어주는 실용적인 유튜브 방송이 인기가 더 높다는 점이다.

김동환 대표는 원래 한국경제신문사 기자였고 팟캐스트 방송을 하다가 유튜브로 옮겨왔는데 처음에는 기대에 미치지 못했다고 한다. 처음에는 부동산 방송도 겸했지만 나중에는 주식 방송 하나만으로 승부를 해서 동질성, 정체성을 되찾았고 콜라보 방송과 '동학개미' 열풍을 통해서 큰 성장을 이루었다고 한다. 지금 유명한 삼프로TV도 수면 아래에서 긴 준비기간이 있었던 셈이다.

콘텐츠 관련 사업수입을 고민해야

많은 이들이 유튜브를 시작하지만 확실한 차별화가 없으면 예전만큼 빨리 성장하지 못한다. 시청자들과 시청시간은 제한적인데 이미 성공적인 콘텐츠를 가진 유튜버들이 많이 포진해 있기 때문이다. 유튜브 크리에이터도 경험이 필요하다. 주로 2018~2019년에 시작한 크리에이터들이 경험을 쌓아서 2020년에 비약적인 성장을 한 것으로 보인다.

구독자 100만 이상을 가진 대형 유튜버들도 고민은 있다. 출연자 이외에 전문 PD, 편집자 등 직원을 두고 있어 비용이 많이 드는 구조가 되었다. 2021년 6월 기준으로 구독자 100만 명 이상인 유튜브 채널이 600개로 늘어났고 구독자 10만 명 이상인 채널은 6,500개로 늘어났다. 유튜브 수익도 껑충 뛰어 년 1,000만 원 이상 버는 채널도 많아졌지만 유튜버는 구글에서 주는 돈보다 콘텐츠와 관련된 사업수입을 깊이 고민해야 한다. 지인이 운영하는 '우리강산 야생화TV'는 유튜브 자체수입보다 야생화 판매수입이 훨씬 많다. 이분은 시골에서 취미로 매일 야생화 영상을 올리다가 구독자가 늘어났다. 2년 동안 900여 개의 영상을 올렸고, 구독자가 2만 명을 넘어섰다.

책을 출판하거나 유튜브, 오디오 방송을 시작하는 것은 자신을 시장에 상장시키는 IPO(Initial Public Offering)와 유사하다. 자신의 플랫폼으로 목소리를 내고 사회에 영향력을 행사하는 것이다. 그러나 유튜브는 기획, 제작, 편집에 노력과 시간이 무한정 소요되어 유튜버들이 '자신의 영혼과 시간을 갈아 넣는 것'이라고 표현한다. 5~10분짜리 영상을 하나 만드는 데 3~5시간 정도의 시간이 소요되기도 한다. 촬영 준비, 촬영, 편집 등 몇 번의 손을 거쳐야만 영상이 완성되고 영상편집에는 익혀야 할 앱들이 많다.

반면 유튜브 시청자들은 좋은 내용이라도 영상이 길고 재미가 없으면 다급하게 옮겨간다. 가끔 유튜브를 시작하려는 사람들이 질문을 하면 본인이 정말 좋아하는 것을 하고 평생 한다는 생각으로 시작하라고 권한다. 참고로 신사임당TV는 1,000개 이상의 영상을 올렸다. 최근에는 유튜브 편집의 번거로움을 피해 간단한 오디오 방송제작을 선호하는 사람들이 늘어나고 있다.

메타버스 열풍과
VR휴먼

생애설계는 미래를 예측하고 대비하는 것이다. 미래를 바꿀 기술로 메타버스가 꼽히고 있다. 페이스북, 구글, 애플, 삼성 등 세계적인 기업들이 메타버스의 가능성에 주목하고 있다. 가장 적극적인 기업은 회사명을 '메타'로 바꾼 페이스북인데, 2014년 가상현실(VR) 기기 제작사 오큘러스를 20억 달러(약 2.3조 원)에 사들인 이후 현재 VR·AR 담당 직원만 6,000명이 넘는다. 로블록스, 엔비디아와 같은 기업들도 기업 비전을 메타버스로 정의했고, 손정의 회장은 네이버 제페토에 2,000억을 투자한 것으로 알려져 있다.

우주개척 시대에 우주를 차지하려는 것처럼 가상세계에서도 개척 전쟁이 벌어지고 있다. 메타버스는 초월, 가상을 의미하는 메타(Meta)와 세계, 우주를 뜻하는 유니버스(Universe)의 합성어로서 현실을 초월한 '가상의 세계'를 의미한다. 가상현실(VR, Virtual Reality), 가상환경 등으로 표현되는 사이버 공간은 사실 인간의 뇌가 창조한 가상의 세계이다. 메타버스는 비디오 게임의 3차원 가상현실(Virtual Reality)과 유사하다. 게임은 가상현실에 그치지만 이를 확장하여 실생활과 접목하면 메타버스는 현실과 똑같이 사회적·문화적·경제적 활동을 가능케 한다.

메타버스는 인터넷의 새로운 버전으로 최근 스마트폰과 VR 기기의 발전으로 현실과 가상의 상호작용이 가능해지면서 급속히 부상하고 있다. 3년 후에는 현재 시장의 10배, 5년 후에는 전체 인구의 45%가 메타버스에 탑승할 것으로 추정된다. 메타버스는 MZ세대들의 가상놀이터 공간으로 활용되고 있다. 일부 기업들은 CEO와의 대화공간이나 메타버스 연수원을 만들어 MZ세대와 소통하고 있다. 그럼 왜 낯설기만 한 메타버스에 탑승해야 하는가? 답은 미래의 주역인 MZ세대가 가장 많이 들어와서 놀기 때문이다.

벌써 아바타용 옷과 장식을 판매하여 월 천만 원 이상의 수익을 올리는 사람이 있고, 편의점 CU는 네이버 제페토에 가상 상점으로 입점해 있다. 지금은 메타버스에서 가상의 물품(아바타 옷, 장식)을 구입하는데 향후에는 실제 의류나 물품도 구입할 것이다.

메타버스 상점에서는 3D(3차원)로 상품을 볼 수 있어서 실제매장에서 구입하는 것과 동일한 느낌을 갖는다. 향후에는 고객의 신체를 3차원으로 스캔한 아바타가 가상의 매장에서 이것저것 입어보고 토큰으로 구입하면 물품이 집으로 배송될 것이다.

1980년대~2000년대 초반에 출생한 MZ세대들이 메타버스 세상을 이끄는 주축들이고, 이들은 자기효능감이 높고 재미를 추구한다. 집중력이 약해서 짧은 호흡과 속도감, 사고가 자유롭고 느슨한 연대를 좋아한다. 이들에게 메타버스는 즉흥성과 현장감, 몰입감을 주고 있다. 메타버스를 모르면 이들이 창출하는 미래시장을 놓치게 된다.

메타버스 플랫폼의 종류에는 제페토, 이프랜드, 게더타운, 로블록스 등이 있다. 플랫폼마다 사용법이 다르지만 각종 아이템을 구입하거나 판매할 수 있으며 여기서 얻은 수익을 현실의 돈으로 바꾸는 것도 가능하다.

국내 선두주자는 네이버의 제페토인데 22년 3월 누적가입자가 3억 명을 넘는다. 대형 기획사에서 제페토에 아이돌의 아바타를 만들어 공연과 팬 미팅을 하기도 한다. 후발주자 SKT의 이프랜드도 유저들이 좋아한다. 방장이 랜드(land)라는 방을 개설하면 이용자들이 들어와 춤을 추거나 대화를 나눈다. 가상세계의 대표주자 로블록스는 2006년 출시된 게임 제작 및 온라인 게임 플랫폼으로 여기에서 누구나 자신의 게임을 만들어 공개할 수 있으며 함께 즐기는 것도 가능하다. 개발자 800만 명이 5,000만 개가 넘는 게임을 로블록스에서 제작해 왔고, 미 시장조사업체 센서타워는 미국 10대들이 하루 평균 156분을 로블록스에서 보낸다고 하였다.

미국의 미래 가속화 연구재단(ASF, Acceleration Studies Foundation)은 메타버스를 다음 4가지로 정의하였다.

1 증강현실 Augmented Reality

스마트폰 카메라를 통해 촬영하면 실시간 가상 그래픽으로 캐릭터를 합성하여 현실 세계에 있는 것처럼 보여 준다.

2 라이프로깅 Lifelogging

페이스북, 카카오스토리, 인스타그램, 트위터 등이 라이프로깅에 해당된다.

3 거울세계 Mirror Worlds

실제 세계를 그대로 똑같이 구현한 것이 거울세계이다. 오히려 실제 세계보다 정보적인 측면에서는 더 확장되어 있다. 실제와 같아서 지도처럼 사용된다.

4 가상세계 Virtual Worlds

디지털 데이터로 구성된 가상의 세계를 의미하는 것으로 캐릭터나 아바타라고 불리는 존재가 가상세계에서 활동한다.

2021.12월 에픽게임즈가 '언리얼엔진5'의 기술을 토대로 만든 '매트릭스 어웨이큰스(The Matrix Awakens)를 공개했다. 테크 데모로서 특별한 콘텐츠가 있는 것은 아니었지만, 언리얼엔진5(Unreal Engine5)의 새로운 기술은 가상과 현실을 구분하기 힘들 정도의 높은 퀄리티를 보여 주었다. 이 데모에서 실사로 촬영된 '키아누 리브스'가 등장하다가 잠시 후에 포토스캐닝된 '키아누 리브스'로 바꿔치기 되어 나타났으나 시청자들은 별 차이를 느낄 수 없었다.

저비용으로 사람얼굴이나 도시전체를 3D로 스캔하는 기술이 생겨났다. 이러한 스캔 기술로 가짜 공간(디지털 트윈)과 가짜 배우(디지털 휴먼)를 만들 수 있고 종전의 진짜 영화와 구분하기 힘든, 가짜 영화를 만들 수 있다. 조만간 현실 세계와 가상 세계를 헷갈리게 하는 게임과 영화가 쏟아질 것으로 보인다. 이미 시중에는 가짜 아나운서 영상이 흥미를 일으키고, 일본에서는 대형 3D광고판에서 가짜 고양이가 행인들을 즐겁게 해 주고 있다.

국내 메타버스 시장은 금융, 교육뿐만 아니라 미술과 음악 등 다양한 분야로 확장되고 있다. 사람과 아바타가 함께 어울려 노래를 부르고, 아이돌 그룹의 아바타는 메타버스 공간에서 팬들과 대화를 나눈다. 인공지능(AI)이 만든 가상 가수가 오프라인에서 공연을 하고, 반대로 실제 가수는 공연장이 아닌 메타버스 속에서 콘서트를 열기도 한다. 보험업계 신한라이프는 MZ세대가 선호하는 얼굴을 모아 가상 인간 '로지'를 탄생시켜 광고모델로 사용하고 있다. '로지'는 유튜브 조회수 1,000만 회를 넘겼고 국내 최초로 가상 인플루언서가 되었다.

MBC는 VR휴먼다큐멘터리, "너를 만났다"에서 세상을 떠난 딸과 가상의 공간에서 VR로 다시 만난 어머니의 절규, 먼저 떠난 와이프를 추억의 공간에서 VR로 재회한 남편 김정수 씨 영상 등을 내보내 이를 본 시청자들이 단숨에 눈물을 쏟아내었다. 디지털 트윈기술은 현실적으로 건축과 도시건설에도 사용되고 있다. 싱가포르는 신도시 건설에 앞서 디지털 트윈도시를 먼저 건설하여 자재의 소요량, 교통량 등을 미리 시뮬레이션하여 건설비용을 크게 줄였다고 한다.

향후 스마트폰 기능이 좀 지원된다면 현재의 수많은 유튜버들처럼, 개인도 스마트폰으로 현실과 비슷한 게임을 만들고, 실제 연예인보다 예쁜 디지털 휴먼 배우를 만들고, 에피소드 영화를 만들 수 있다. 아직 메타버스 공간은 썰렁하고 볼거리 없어 무료로 이용할 수 있다. 좀 더 정교하고 풍성해진다면 향후에는 인기 있는 공간은 유료화되고 큰돈이 오고가는 공간이 될 것이다.

메타버스 생태계는 지금 성장기 초입에 와 있지만 메타버스의 화려함과 즉흥성이 MZ세대를 사로잡았다. 다만 메타버스가 미래 사회에서 최선의 선택인가 하는 문제는 논의의 대상이다. 신조어 메타폐인은 메타버스의 가상 세계에 빠져들어 현실과는 격리되어 오직 메타버스에서만 생활을 하게 되는 사람을 의미한다. 심리학자들은 벌써 초등학생들의 '메타 폐인화'를 우려한다. 가상과 실제를 구분하기 어려운 점을 이용한 각종 범죄도 우려된다. 인공지능기술과 가상세계가 건강하지 못한 사회적 관계를 만들어내기도 하겠지만, 국내 관련 기업들은 메타버스를 거스를 수 없는 물결로 보고 있고 2030년에는 약 1,770조 원의 시장이 열릴 것으로 전망한다. 개인이든 기업이든 새롭게 열리는 세상에 일찌감치 몸을 담그고 있어야 기회를 잡을 수 있다. 언제나 큰 기회는 새로운 물결과 함께 젊은이들을 통해서 온다.

6장

여태 잘 몰랐던
연금, 보험, 상속

한국인의 은퇴준비는
낙제점

삼성생명 은퇴연구소가 발간한 〈한국인의 은퇴준비 2018〉은 우리나라 국민의 은퇴준비 현황을 조사·분석한 백서이다. 이 백서는 25~74세 총 2,453명(비은퇴자 1,953명, 은퇴자 500명)을 대상으로 노후생활 준비를 위해 재무, 건강, 활동, 관계 등 4가지 영역에 걸쳐 조사한 결과이다.

은퇴 후 경제적 상황을 묻는 질문에 비은퇴 가구의 53%가 '나빠질 것'으로 예상했으며 이들 중에서 82%가 '은퇴 후 필요소득을 계산해 본 적이 없다'고 응답했다. 3층 연금(국민·개인·퇴직)에 모두 가입돼 있는 비은퇴가구는 20% 수준이었고 '연금 자산이 전혀 없다'는 응답 비율도 14%나 되었다. 또한 2가구 중 1가구만이 노후를 위해 정기적으로 저축하고 있고, 그 액수도 30~50만 원 수준으로 전부 낙제점이다.

자산의 부동산 쏠림도 두드러져서 비은퇴가구의 경우 거주주택이 총자산의 63%를 차지했다. 거주 외 부동산까지 합치면 부동산 자산이 차지하는 비중은 77%에 이르렀다.

또한 퇴직 후 재취업 시 희망하는 최소 급여 수준은 194만 원으로 이는 2014년(200만 원), 2016년(221만 원)에 비해 기대 수준이 오히려 떨어졌다. 은퇴자가 '노인'이라고 생각하는 연령은 평균 71세였고 비은퇴자가 '노인'이라고 생각하는 연령은 평균 69세였다.

연금(소득) 격차는
건강 격차

통계에서 우리나라 고령층은 73세까지 일하고 싶어 했고 주된 이유는 생활비 때문이었다. 부유한 노인의 나라로 알려진 일본의 경우에도 노인파산자가 200만 명이라고 한다. 노인파산은 바로 가난과 궁핍, 외로움을 의미하며 높은 자살률로 이어진다. 보건복지부가 발간한 〈2021 자살예방백서〉에 따르면 2019년 기준 우리나라의 인구 10만 명당 65세 이상 노인 자살률은 46.6명으로 OECD 1위이고 OECD평균치(17.2명)나 2위인 슬로베니아(36.9명)보다 압도적으로 높다.

생활고(노인파산)와 가족관계의 약화가 주원인으로 추정된다. 세부적으로는 60대 자살률이 33.7명, 70대 46.2명, 80세 이상이 67.4명으로 연령에 비례해서 자살률이 증가하는 모습을 보였다. 은퇴라

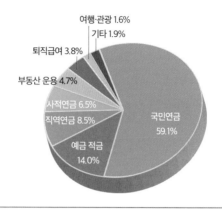

여행·관광 1.6%
기타 1.9%
퇴직급여 3.8%
부동산 운용 4.7%
사적연금 6.5%
직역연금 8.5%
국민연금 59.1%
예금 적금 14.0%

노후 준비 방법

19세 이상 인구 10명 중 7명(67.4%)이 노후 준비를 하고 있으며,
준비 방법은 국민연금이 59.1%로 가장 높다.
출처 : 통계청 2021년 사회조사 결과

고 하면 자유와 스트레스로부터의 탈출이지만 현실에서 은퇴라 함은 수입중단, 지출감소, 불안으로 이어진다. 노후의 재무적 준비가 부족하면 소득격차는 곧 건강격차가 된다. 2020년 국민연금공단 '국민노후보장 패널' 8차 조사에서 50세 이상 중·고령자는 은퇴시 희망하는 노후 자산은 11.5억 이상이었다. 특별한 질병이 없는 노년을 가정할 때 표준적인 적정 노후생활비로 부부는 267만 원, 개인은 164만 원이 필요하다고 생각하였다. 최저생활 유지를 위한 '최소노후생활비'로는 부부 기준 194만 원, 개인기준 116만 원 수준이었다.

통계청의 '2017년 사회조사 결과'를 보면 19세 이상 인구 3명 중 2명이 '노후준비를 하고 있다'고 응답했는데 주된 노후 준비 방법으로 '국민연금'(53.3%)을 꼽았다. 국민연금은 투명하고, 안정적으로 운

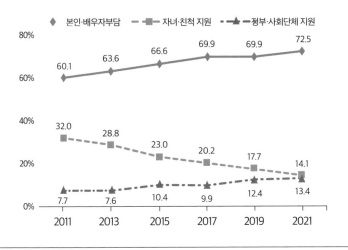

본인·배우자부담 ■ 자녀·친척 지원 ▲ 정부·사회단체 지원

고령자의 생활비 마련 방법

60세 이상 고령자의 생활비 마련 방법은 본인 · 배우자 부담이 72.5%로 가장 많고,
그다음 자녀 · 친척 지원(14.1%), 정부 · 사회단체 지원(13.4%) 순이다. 2011년 이후
본인 · 배우자 부담과 정부 · 사회단체 지원은 증가 추세인 반면, 자녀 · 친척 지원은 감소 추세이다.
출처 : 통계청 2021년 사회조사 결과

영된다는 장점이 있고 훗날 본인의 생활비로 틀림없이 지급된다. 다
달이 국민연금을 받기 위해서는 10년간 보험료를 내야 하는데 납부
기간이 10년 미만이면 보험료에 이자를 더해 일시금으로 돌려준다.
2020년 기준 고령자의 45%가량이 연금을 아예 받지 못하고 있고 국
민연금 평균급여액은 54만 원이다. 100만 원 이상 수령하는 자는 8%
정도이다. 평균급여액은 기초생활보장제도의 생계급여수급 기준(52
만7천 원)과 비슷하다.

회사 재직시에는 연금에 대한 관심이 낮지만 퇴직 후 노후를 생각
할 때 제일 먼저 생각나는 것이 연금이라고 한다. 실제로도 노후대비

자금 중 가장 큰 비중을 차지하는 것은 연금이다. 나의 경우도 퇴직하고 나서야 아내의 연금이 월 100만 원 정도 된다는 것을 알았다. 오래전에 약 15년간 회사원으로 일한 적이 있기 때문이다.

국민연금은 물가상승률에 연동되어 매년 상승하니 노후에 큰 도움이 될 것 같다. 다만 퇴직일로부터 국민연금이 나오는 65세 사이는 연금 크레바스 기간으로 일자리를 통해 추가 수입을 얻어야 할 기간이다.

만약 국민연금 수령 시기에도 월 소득이 있고 평균 노임 이상이 된다면 수령금액이 감액되기 때문에 국민연금 수령 시기를 늦추는 편이 낫다. '국민연금 지연수령 제도'를 활용할 수 있는데 연금수령일로부터 5년까지 지연수령한다면 지연에 따라 매년 7.2%(5년 최대 36%)씩 연금수령액이 증가된다. 이 경우 80까지만 살아도 총 수령금액이 더 많아지고 만일 조기에 사망한다 해도 배우자가 연금의 60%를 계속 수령할 수 있다.

향후 30년 후인 2050년에는 65세 이상 고령인구가 10명 중에 4명으로 예상된다. 저출산과 인구고령화 등으로 국민연금의 고갈 우려도 있다. 하지만 국민연금은 세금 성격이 짙어서 고갈이 되더라도 후세대들이 내는 세금으로 최소한의 연금은 지급될 것이다. 즉 연금법 개정으로 액수는 줄어들겠지만 국민연금은 국가가 보장하는 강력한 노후대비 수단임이 틀림없다.

절대 배신하지 않는 연금 3인방
(국민연금, 개인연금, 퇴직연금)

1 국민연금

최초의 연금제도는 1889년에 독일(프러시아)의 재상 비스마르크가 당시 격화되고 있는 노동운동을 무마하려는 의도로 공적 노령연금 제도를 제안하여 세계 최초로 도입하였다. 처음 도입한 노령연금의 연금수급 연령은 70세였다. 연금은 국민들이 노후를 준비할 수 있도록 정부가 반강제적으로 마련한 사회보장제도의 일종으로 우리나라는 1988년에 처음 도입되었다. 가입기간이 10년 이상이고 수급연령에 달하면 평생 연금을 받을 수 있다.

2022년 국민연금공단 발표에 의하면, 국민연금 수급자는 600만 명을 돌파하여 전 국민의 20%를 넘었다. 2년 전인 2020년 4월과 비교하면 수급자 수는 88만 명(18%), 금액은 6000억 원(31%) 증가하였는데 이는 베이비붐세대의 대거은퇴 때문이다.

연금에는 개인이 보험료를 부담하는 사회보험 방식과 보험료 없이 조세를 지급재원으로 하는 공공부조방식이 있다. 국민에게 동일하게 지급되는 기초연금은 후자에 해당된다. 사회보험의 일종인 국민연금은 가입자, 사용자 및 국가로부터 일정액의 보험료를 받고 이를 재원으로 노령으로 인한 근로소득 상실을 보전하기 위한 노령연금, 주소득자의 사망에 따른 소득상실을 보전하는 유족연금, 질병 또는 사고로 인한 근로능력 상실에 따른 소득상실을 보전하기 위한 장애연금 등을 지급한다. 국민연금의 주요 정보는 다음과 같다.

① 만 18세 이상 60세 미만의 소득이 있는 국민이라면 의무가입 대상이다. 소득이 없는 주부나 무직자도 원하면 임의가입이 가능하다. 최소가입기간 10년이다.
② 수급연령은 출생연도별로 다르며 1969년 이후 출생자는 65세부터 수령이 가능하다.
③ 예상 노령연금액은 본인의 국민연금 가입기간과 가입 중 평균소득액, 전체 가입자의 평균소득액을 기초로 계산된다. 연금액은 '내 곁에 국민연금' 앱으로도 확인이 가능하다.
④ 국민연금 노후준비서비스 관련 조회는 중앙노후준비지원센터 (https://csa.nps.or.kr)에서 가능하다.
⑤ 2022년부터는 5대 공적연금기관에서 지급받는 연금소득은 다음 해 건강보험보험료 부과대상 소득이 된다. 다만, 비과세연금(유족연금, 장애연금)과 기초연금은 부과대상이 아니다.

국민연금은 사업자가입자와 지역가입자가 있고, 종업원이 없는 개인사업자, 소속이 없는 프리랜서, 납부예외자는 지역가입자에 포함된다. 연금보험료는 기준소득월액의 9%로 동일하며 근로자와 사용자가 50대 50으로 균등 부담하며 자영업자는 본인이 전액 부담한다.

국민연금 수급 개시 연령은 출생연도가 52년생 이전이라면 60세부터 수령할 수 있고, 1953~1956년생이라면 61세부터, 1957~1960년생이라면 62세부터, 1961~1964년생이라면 63세부터, 1965~1968년생이라면 64세부터, 1969생 이후부터는 만 65세부터 연금을 수령한다. 참고로, 공무원연금은 퇴직 연도에 따라 '연금지급개시 연령'이 단계적으로 연장되어 2021년까지는 60세, 2022년부터 2032년까지는 2~3년마다 1세씩 연장되어 2033년부터는 65세에 수령이 가능하다.

소득이 없으면 의무가입 대상에서 제외되나 무직자나 학생, 전업주부도 만 18세 이상이면 가입이 가능하다. 노후준비로 임의가입자가 늘어나고 있는 추세이다. 국민연금은 물가상승분에 연동되어 수령금액이 올라가기 때문에 사적 연금보다 효과적인 노후보장 수단이다.

연금의 소득대체율이란, 은퇴 전 벌어들이는 소득 대비 은퇴 후 받는 연금 수령액의 비율이다. 원래 공무원연금의 소득대체율은 최종소득대비 첫 연금액의 비율이었으나 2010년 공무원연금 개혁으로 이후 재직기간부터는 국민연금과 동일하게 생애평균소득을 기준으로 연금을 산출한다. 일반적으로 안락한 노후를 위한 소득대체율은 대략 65~70%라고 알려져 있다. 국민연금이 도입된 1988년 당시 국민연금의 소득대체율은 70%였으나 최근 국민연금의 소득대체율은 명목

수준은 46.5%, 물가를 고려한 실질소득대체율은 28.3%이다. OECD 회원국 중 소득대체율은 우리나라가 최하위 수준이다(2019년 국회 국민연금공단 국정감사자료).

참고로 세계은행은 공적연금은 40%, 공적연금과 개인연금을 합한 총소득대체율은 60% 정도를 기준으로 제시하고 있다. 따라서 국민연금만으로는 부족함으로 퇴직연금, 개인연금으로 보완해야 할 필요가 있다.

※ 기초연금

만 65세 이상이고 대한민국 국적을 가지고 국내에 거주하는 고령자 중, 가구의 소득인정액이 선정기준액 이하(소득하위 70%)이면 지급된다(22년 기준으로 1인가구는 월 30만 원, 부부가구는 49만 원 수령하였으나 대선공약에 따라 월 10만 원 인상이 예상된다). 단, 국민연금수령액이 기초연금의 150% 이상일 경우, 기초연금은 50%까지 감액될 수도 있다.

② 개인연금 : 연금저축과 IRP(개인형 퇴직연금)

여유로운 은퇴생활을 원하는 개인이 활용하는 것이 연금저축이다. 은행이 취급하는 연금저축신탁과 보험회사에서 취급하는 세제적격 연금저축보험, 증권회사에서 취급하는 세제적격 연금저축펀드는 납입금액에 대해 연간 400만 원까지 세액공제를 받을 수 있다.

대신 노후에 연금을 지급받을 때 3.3%~5.5%의 연금소득세(주민세 포함)를 내야 한다. 그리고 가입한 날부터 5년 이내에 해지를 하면 가산세가 붙는다. 이 중 증권회사 연금저축펀드가 수익률이 높지만 원금손실의 우려도 있다.

연금저축보험은 만 55세부터 연금개시가 가능하다. 각 보험사의 연금저축보험은 매월 34만 원(연 400만 원)까지 세액공제 혜택이 있어서 연말정산 시 최대 66만 원까지 환급이 가능하다. 연봉 5,500만 원 이하(종합소득금액는 4천만 원 이하)는 15% 세액공제를 받고, 5,500만 원 초과는 12% 세액공제 혜택을 받는다. 여기에 주민세 10%를 감안하면 실질 세액공제는 각각 16.5%와 13.2%이다.

또한 연금저축보험과 더불어 재직 중 개인형 퇴직연금계좌(IRP)를 개설하면, 연말정산에서 최대 700만 원 한도까지 공제받을 수 있다. 700만 원 가운데 400만 원은 기존 연금저축보험으로 가입하고 나머지 300만 원은 개인형 퇴직연금계좌(IRP)로 추가 가입하면 된다. 이럴 경우 해마다 최대 1,115,000원(700만 원×16.5%)에 달하는 세액공제를 정년까지 받을 수 있다. 퇴직 시에는 같은 개인형 퇴직연금계좌(IRP)에 퇴직금을 옮겨서 퇴직연금으로 수령한다.

	연금저축	IRP(개인형 퇴직연금)
가입자격	누구나	근로소득자, 자영업자
납입한도	연 1,800만 원(IRP포함)	
세액공제 한도	연 400만 원(연소득 1억2,000만 원 초과시 300만 원)	연 700만 원 (좌측, 연금저축포함)
운용제한	없음(위험자산 100% 투자가능)	위험자산 70% 투자가능
연금수령 조건	만 55세 이상, 보험가입기간 5년 이상	
연금수령시 세금	(소득세법상) 연금소득세 3.3~5.5%	
중도해지시 세금	기타소득세 16.5% 세액 공제받지 않은 금액 비과세	
담보대출	가능	불가능
중도 인출	세액 공제받지 않은 원금은 패널티 없이 인출가능	중도인출 사유에 한해 인출가능
가입장소	은행, 보험사, 증권사	은행, 보험사, 증권사

연금저축과 IRP 비교

IRP는 근로자나 개인사업자, 퇴직금 수령(예정)자 등이 자율적으로 가입할 수 있다. DC형 추가 납입금과 합쳐 연간 1,800만 원까지 불입할 수 있고, 연금저축에 가입한 경우라면 연금저축(400만 원 한도)을 합산해 총 700만 원까지 세액공제 혜택을 받는다.

3 퇴직연금

퇴직연금은 기존의 퇴직금제도의 허점을 보완하기 위해 탄생한 제도로 크게 확정급여형(DB형, Defined Benefit)과 확정기여형(DC형, Defined Contribution), 개인형 퇴직연금계좌(IRP, Individual Retirement Pension) 등 3가지 형태가 있다. 이중에서 퇴직연금계좌(IRP)는 개인이 퇴직할 때 받는 퇴직연금을 통합관리하는 계좌로서 개인이 적극적으로 운영할 수 있다.

확정급여형은 근로자가 받을 퇴직급여가 확정되어 있다는 점에서 예전 퇴직금제도와 사실상 같다. 월 평균 임금이 200만 원이고 근속연수가 20년인 회사원의 경우 현 시점 확정급여형의 퇴직금은 200만 원×20년으로 계산하여 4,000만 원이다. 이처럼 확정급여형은 자신이 받을 퇴직금이 얼마나 되는지 예측 가능하므로 은퇴설계를 할 때 용이하고 적립금 운용이나 관리를 회사에서 하기 때문에 개인이 크게 신경 쓸 필요가 없다.

확정급여형은 중도인출이 불가능하고 물가가 오른 만큼 임금이 오르지 않으면 퇴직연금의 가치는 떨어진다. 2022년 3월 고용노동부와 금융감독원에 따르면 확정급여형 퇴직연금제도를 설정한 기업 가운데 퇴직연금사업자에게 예치해야 하는 법정 최소적립금을 미준수한 기업이 절반 이상에 달했으며 이에 따라 2024년부터는 최소적립금 미달기업에게 과태료가 부과될 예정이다. 이러한 특징 때문에 확정급여형은 도산할 위험이 적고 장기 비전이 있어 임금 인상률이 높은 회사에 다니는 근로자, 이직률이 낮은 근로자, 나이가 많고 금융지식이 부족해 적립금을 운영하기에 위험한 근로자에게 적당하다.

확정급여형 소득자는 퇴직연금급여가 평균임금에 연동하여 산출되므로 임금피크제로 임금이 줄어들면 평균임금이 줄어들고 결국은 퇴직연금이 줄어든다. 따라서 임금피크제가 시행되기 최소 3개월 전에 확정기여형으로 전환하는 것이 필요하다. 대기업 직원들은 급여가 삭감되는 시점에 확정급여형에서 확정기여형으로 바꾼다.

확정기여형(DC형)은 기업이 연간 임금총액의 12분의 1 이상을 매년 근로자의 개인계좌에 넣어주고 그 금액을 근로자가 직접 운용하는 제도다. 퇴직금이 개인계좌에서 관리됨으로 퇴직시 별도의 퇴직금이 지급되지 아니하며 회사가 파산하더라도 돈을 떼일 염려가 없다. 또 운용실적에 따라 퇴직금이 달라지므로 운용 결과가 좋으면 예상보다 많은 퇴직금을 적립할 수 있다. 하지만 근로자가 적립금을 운용하고 그에 대한 모든 책임을 져야 하는 만큼 최악의 경우 손실을 입을 가능성도 있다. 따라서 확정기여형은 적립금을 운용하고 관리해 줄 금융기관을 잘 선택해야 한다. 확정기여형은 연봉제나 성과급제도를 선택하여 임금 인상률이 낮은 회사에 다니는 근로자, 직장 이동이 잦은 근로자, 젊고 금융지식에 능통하여 적립금을 안정적으로 운용할 수 있는 근로자에게 적합하다.

개인형 퇴직연금계좌(IRP, Individual Retirement Pension)는 개인이 이직이나 퇴직시 받는 퇴직연금을 통합 관리하는 계좌이다. IRP를 만 5년 이상 가입하면 만 55세 이후 언제든지 연금 형태로 수령이 가능하고, 중도해지도 가능하다. 부분 인출은 불가능하고 전액은 수령할 수 있다.

국민연금은 65세부터 수령함으로, (IRP)퇴직연금은 10년간의 공백, 연금 크레바스를 메울 수 있다. IRP가 회사에서 단체로 가입하는 퇴직연금과 다른 것은 개인이 적극적으로 운영할 수 있고, 연금을 운영하는 방식에 따라 크게 다음과 같이 두 가지로 구분된다.

① 원리금보장형

예 · 적금과 보험 상품이 85% 차지하여 원금보전 가능하다(퇴직연금 적립금의 87%를 차지).

② 실적배당형

집합 투자증권의 비중이 93.3%로 원금을 보전하는 못할 수도 있어 잠재적 리스크가 있다(퇴직연금 적립금의 9.7%를 차지).

주택연금, 농지연금, 즉시연금

앞서 살펴본 연금 이외에 공무원연금, 교사연금, 군인연금 등이 있지만 여기서는 주택연금과 농지연금, 즉시연금에 대해서 살펴보고자 한다.

주택연금

한국주택금융공사에서 주관하는 주택연금은 만 55세 이상 고령자 부부가 보유주택에 거주하면서 해당 주택을 담보로 매달 일정액을 연금형태로 지급받는 상품으로 역모기지라고도 한다. 역모기지는 이미 소유하고 있는 주택을 금융기관에 담보로 제공하여 대출을 받는 형식이다. 저성장 기조와 자녀 세대에 손 벌리고 싶지 않다는 부모

세대의 인식 변화로 가입자가 증가하고 있다. 다만 역모기지의 특성은 분할로 대출해서 목돈으로 갚는 것으로 너무 이른 시기에 가입하면 역복리 효과가 발생하여 실익이 줄어든다. 참고로 우리나라 주택연금 가입연령은 평균 72세이다.

주택연금은 나라가 지급 보증하는 연금이므로 나라가 망하지 않는 이상 연금은 지급된다. 주택 명의자가 주택연금 수령 중 사망할 경우, 배우자가 생존해 있다면 배우자 역시 사망 시까지 해당 주택에 거주할 수 있고, 명의자 사망 후에도 기존 연금과 100% 동일한 금액이 지급된다. 가입대상은 주택소유자나 배우자가 만 55세 이상이고 부부 기준 주택 합산가액이 9억 원 이하인 경우 가입 가능하다. 부모가 집을 팔아서 자녀들에게 나누어 주는 것이 일반적이지만 최근 부유한 자녀들은 돈을 모아 부모님께 집을 사 드리고 부모는 주택연금에 가입하여 노후를 보장받기도 한다.

주택 연금의 장점

- 자산의 연금화로 당당한 노후 생활이 가능해진다.
- 내 집에 살면서 월급처럼 받는다. 평생 월급이 된다.
- 배우자도 평생 동안 같은 금액을 보장받는다.
- 집값이 남으면 상속되고 모자라면 국가가 부담한다.

신탁 방식 주택연금 출시

종전까지는 기존 주택연금 가입자가 사망할 경우 자녀를 비롯한 사망자 소유 주택의 상속자 전원이 동의해야 배우자가 연금 수급권을 승계할 수 있었다. 만일 상속자 중 한 명이라도 동의하지 않으면 연금이 중단되고, 그동안 받은 대출(연금)을 갚아야 하는 구조였다.

이런 문제를 해결하기 위해 2021년 주택금융공사법 시행령이 개정되었다. 가입자가 희망할 경우 사망 후에는 연금 수급권이 배우자에게 자동 승계된다. 가입시에 '신탁형 주택연금'으로 선택하고 수익자를 주택소유자와 배우자로 지정하면 된다.

2021년 6월부터 '신탁 방식 주택연금' 상품을 출시하였는데, 이는 사망시까지 주택 소유권을 가입자가 갖는 기존의 주택연금과 다르다. 한국주택금융공사는 수탁자로서 주택명의(소유권)를 이전받고, 가입자는 신탁계약에 따라 연금수급권과 해당 주택을 거주, 사용, 수익할 권리를 가진다. 또 신탁 설정을 해도 가입자가 사망 후에는 주택금융공사에서 유족들의 의견을 묻고, 해당 주택 가격이 사망한 가입자가 수령한 연금 금액보다 높아졌을 경우 차액을 유가족에게 돌려주는 것은 기존 주택연금 상품과 동일하다.

농지연금

농지를 담보로 제공하고 일정기간 연금을 수령하는 농업형 역모기지 제도로 2011년에 도입되어 매년 꾸준히 증가하고 있다. 본인 65세 이상(배우자 60세 이상), 영농 경력 5년 이상이면 가능하고 상담은 한국농어촌공사에서 할 수 있다.

즉시연금

보유한 목돈을 납입한 바로 다음 달부터 일정하게 연금액을 수령할 수 있는 방식이 즉시연금인데, 부자들 사이에서 최고 인기 금융상품이다. 10년이 넘는 기간을 수령하겠다고 선택할 경우 처음부터 비과세 혜택을 즉시연금에서 볼 수 있고 이자율도 상당히 높은 편이다. 최저 가입금액은 보통 500만 원부터 시작하는데 통상 5,000만 원~1억 원 사이의 즉시연금을 많이 활용한다. 즉시연금에 3억 원 이하로 넣는 사람이 전체의 90% 정도에 달한다. 이에 대한 자문은 금융권의 프라이빗 뱅킹(Private Banking, PB)이나 웰스 매니지먼트(Wealth Management, WM) 센터에서 구하기도 한다.

믿을 것은 연금!
예금된 돈은 내 돈이 아니다

공무원과 교사들의 연금은 근무연수에 따라 다르지만 대략 공무원은 월 200만 원대, 정년이 긴 교사의 연금은 300만 원대 정도로 알려져 있다. 그런데 기업체에 오래 다닌 회사원도 준비만 잘하면 65세 이후는 연금으로 살아갈 수 있다.

회사생활 30년차인 선배님의 노후연금 합계는 500만 원 가까이 된다. 국민연금, 개인연금((구)개인연금과 연금저축보험), 퇴직연금이 각각 월 150만 원이 넘기 때문이다. 교사로 일하는 배우자 연금 300만 원보다 본인이 더 많다는 것을 선배님도 최근에 알았다고 한다. 기업체의 경우 월 소득의 9%를 국민연금으로 적립하고 연말에는 퇴직연금으로 한 달치 급여를 강제적으로 적립하니까 이것만 해도 총 소득의 17%를 미래를 위해 저축하는 셈이다. 재직시에는 연금공제가 세금처럼 미운 존재이지만 훗날에 효자가 되는 게 연금적립이다. 청년시절의 말썽꾸러기가 장년이 지나 든든한 효자로 변신한 것이다.

나의 경우도 회사가 50% 지원한 국민연금, 개인연금, 세제혜택을 받기 위해 가입했던 연금저축보험까지 합치면 연금적립액이 2억 원이 넘는다. 이러한 내용도 모르고 있다가 퇴직 후에야 알았다. 다만 퇴직연금은 한 푼도 없다. 중도에 퇴직금 중간정산을 한 적이 있고 퇴직 시에 대출금 변제 및 투자 목적으로 IRP계좌를 해지하고 한꺼번에 수령했기 때문이다. 통계적으로 퇴직자의 92% 정도가 나처럼 퇴직연금을 해지한다. 만약 퇴직연금을 그대로 두었더라면 아내의 국민연금까지 합해서 부부 합산으로 월 500만 원이 넘었을 것이다. 지난 일이지만 결국 퇴직금 중간정산과 퇴직연금계좌(IRP) 해지는 좋지 않은 선택이었다.

현실적으로 이야기한다면, 예금이나 부동산자산은 본인이 전부 사용한다는 보장이 없다. 특히 노년의 목돈은 위험하다. 가족이나 가까운 지인들이 알고 있는 '통장의 돈'이라면 인출 요청과 투자 유혹을 받는다.

다음은 경험 많은 선배들에게 듣는 돈에 대한 이야기이다. '한 번 빌려 준 돈은 뒤를 돌아보지 않는다.' '예금된 돈은 내 돈이 아니다.' '너무 아끼면 궁핍하게 살다가 예금이나 부동산을 두고 죽는다.' '재무가 무너지면 사람도 무너지고, 가장 가까이 있는 사람들이 떠난다.' 등이다. 반면 연금자산은 오로지 본인과 배우자가 생전에 사용하도록 설계되어 있는 돈이다.

영국은 한때 태어나는 모든 영아들에게 어린이 펀드계좌를 만들어 주어서 18세 이후 교육비나 사업자금으로 사용하도록 하였다. 이런 방식을 우리 노후연금에 적용해 보면 어떨까? 노후 국민연금에 가입하는 모든 국민들에게 정부가 기본소득 지급재원으로 일정금액(약 20만 원) 내에서 보험료의 50%를 지원하는 것이다. 이는 생산가능 연령기를 포함한 모든 국민들에게 기본소득을 지급하는 것보다 더 좋은 방안이고 국민 스스로 노후를 준비하게 만든다.

국민연금에 적립된 기금은 매년 적극적으로 운용되고 있다. 1988년부터 2020년 말까지 연 평균수익률은 6.27%이다. 기대여명을 반영하면 현재 국민연금의 수익비(보험료 기여대비 급여혜택)는 중간소득자 기준으로 1.5배가 조금 넘는다. 보건복지부는 2018년 보도자료에서 "국민연금은 저소득층의 낮은 소득에 따른 적은 급여수준을 보완하기 위해 소득재분배 기능을 포함하고 있어 저소득자는 고소득자에 비해 수익비가 2~3배 이상 높은 수준"이라고 밝혔다. 즉 소득에 따라서 연금의 수익비는 큰 차이가 있다.

아버님은 젊었을 때
뭐하셨어요?

우리나라 50세 이상 성인의 4분의 1이 고혈압 환자이고, 사망자 중 4분의 1은 암으로 사망한다. 60세 이상 인구 1,250만 명 중에서 추정 치매환자 수는 91만 명이며 여성 환자의 비중은 60%이다. 이 중 중증도 치매비중은 41%, 알츠하이머 치매가 전체의 74% 정도를 차지한다. 병든 노인들은 간병의 어려움으로 인해 요양원이나 요양병원에 들어간다. 하지만 대부분 다시 나올 수 없기에 '현대판 고려장(高麗葬)'으로 불린다. 사망 직전에 요양원에 들어가는 이런 현실을 두고 혹자는 '생로병사'가 아닌 '생로병(요)사'라고 한다. 병과 사 사이에 요양원을 의미하는 요(療)를 추가하였다.

2019년 사망통계 기준으로 남성의 경우 60세 이전에 사망할 확률이 21.2%이고 여성의 경우는 10.8%이다. 중학교시절 졸업앨범을 펼쳐보면 이 말이 실감이 난다. 질병사, 사고사, 자살 등 사망하는 이유도 여러 가지이다. 노후가 되면 평균적으로 마지막 10년간 투병생활을 하게 되는데 이런 이유로 실손보험과 암보험, 간병보험 등이 필요하다.

국가 암등록 통계를 보면, 최근 5년간(2015–2019) 진단받은 암환자의 5년 상대생존율은 70.7%로 암환자 10명 중 7명은 5년 이상 생존하는 것으로 볼 수 있다. 암생존율은 점차 높아지고 있고 이와 함께 암치료비용도 증가하고 있지만, 2011년 보건복지부 설문조사에서 암진단을 받은 환자 600명 중 83.5%가 실직을 했다고 답했다. 이제 암은 치료가능성의 문제가 아니라 비용의 문제로 바뀌고 있다. 다음은 암종별 진료비와 암진단 평균보험금이다.

암 종류	평균 치료비용	암진단 보험금	보험사 구분
간암	6,623	2,756	일반암
췌장암	6,372	2,606	
폐암	4,657	2,620	
위암	2,686	2,896	
대장암	2,352	2,680	
유방암	1,769	3,364	소액암
방광암	1,464	2,238	
갑상선암	1,126	2,215	유사암

주요 암종별 평균 치료비용 및 암진단 보험금 (단위: 만원)
출처: 보험개발원(2019년)

한국인 사망원인 1위는 암이며, 2019년 보건복지부 국가암등록

통계를 보면, 기대수명(83세)까지 생존할 경우 암에 걸릴 확률은 남자는 39.9%, 여자는 35.8%로서 남녀평균은 37.9%로 추정되었다.

실손보험은 50세 이전에 가입시 보험료가 저렴하고, 기존 질환이 있어도 75세 이하인 경우 보험료를 더 낸다면 유병자보험에 가입할 수 있다. 치매나 중풍을 대비한 간병보험도 필요하다. 65세 이상 노인의 치매유병률은 10.3%인데, 이중 절반은 검사를 제대로 받지 않은 방치군에 속하며 수명연장으로 향후에는 노인의 4분의 1이 치매에 시달린다고 한다. 2021년 기준 치매환자 1인당 연간 관리비용은 2,072만 원, 국가치매관리비용은 약 19조 원으로 추정되었다. 치매는 우리집의 문제이고 곧 당면할 문제이다. (비용 출처: 중앙치매센터, 대한민국 치매현황 2020)

합계출산율 0.8의 시대, 한 가정이 양측 부모 4명을 모셔야 할 수도 있다. 국민건강보험도 있지만 개인보험이 아니면 난감한 상황이 펼쳐진다. 일전에 나이 지긋한 보험설계사한테 들은 이야기이다. 70대 중반의 친구가 병원에 계속 다니면서 비용이 많이 들어가자 함께 사는 자녀가 '다른 사람들은 보험 한두 개씩 다 가입하고 있던데 아버님은 젊었을 때 뭐하셨어요?'라고 말했다는 것이다. 그리고 그분이 내게 퉁명스럽게 말했다. "내 친구가 젊을 때 10억짜리 종신보험이나 사망보험금을 가입해 두었더라면 웬만큼 아파도 요양원에 보내지는 않을 것인데~"라고. 그동안 자녀교육에 '올인'했다고 해도 은퇴 이후에 연금이나 보험, 부동산이 없다면 자녀들에게 미안한 세상이 되었다.

다른 상품과 달리 보험은 주로 타인의 권유에 의해 가입하지만 보이지 않는 미래를 담보로 하는 매우 지적(知的)인 상품이다. 본인이 예기치 못한 질병에 걸리거나 사고를 당하면 다른 가족이 극심한 고통을 겪기 때문에 본인보다는 가족을 위한 상품이다. 요즘은 핵가족마저 붕괴되고 미혼, 비혼이 증가하는 시대에 보험의 역할은 더욱 커졌다.

(1) 보험과 펀드가 만나서 변액보험

생명보험은 지급보험금의 확정여부에 따라 크게 정액보험과 변액보험으로 나눌 수 있는데, 정액보험은 약속된 보험금을 받는 것이고, 변액보험은 지급받는 보험금액이 변동되는 상품이다.

* 변액(變額)보험 상품구조: 보험(사고보장)+투자신탁(유가증권투자)

보험의 본래 기능인 '보장기능'에 펀드의 '투자기능'까지 갖춘 실적배당형 상품이다. 우량주에 장기간 분산투자할 수 있다는 장점과 보험 세제혜택으로 인해 변액보험 가입이 증가하고 있다. 최근 5년 동안 변액보험의 연 수입보험료는 매년 18~20조 원 수준이며, 전체 생명보험회사의 연간 수입보험료의 약 15~18%를 차지한다. 변액보험은 납입한 보험료 일부를 유가증권(주식, 채권 등)에 투자하고 그 운용성과에 따라 가입자에게 수익을 배분하는 상품으로 자산운용 방식과 실적에 따라 고수익을 낼 수 있지만 손실을 볼 수도 있다. 예금자보호법의 적용을 받지 않으며 중도 해지시에 해지환급금은 최저보증이 이루어지지 않는다.

또한 변액 유니버셜보험은 일반적인 변액 종신보험에 유니버셜 기능을 추가한 것인데, 보험료 추가납입과 중도인출기능 등이 추가된 것을 말한다. 수령할 사망보험금이나 해지환급금의 액수가 매일매일 변동하는데, 계약자는 1년에 12회에 한해 펀드구성을 변경할 수 있고 인터넷 홈페이지를 통해 변동내역을 확인할 수 있다.

(2) 보험과 절세

소득세법상 보장성보험이란 만기에 환급되는 금액이 납입보험료를 초과하지 않는 보험이며, 반면 저축성보험이란 목돈마련이나 노후생활자금을 대비한 상품으로 만기에 지급되는 보험금이 납입보험료보다 더 많은 보험이다. 정부는 보장성보험 가입을 장려하고자 각종 세제혜택을 주고 있다.

■ 세액공제를 통한 절세

- **보장성보험료 세액공제**: 근로자인 경우 보장성보험에 가입하면 연 100만 원 한도로 12% 세액공제 (연 120,000원)
- **연금저축 세액공제**: 연금계좌에 납입한 금액 중 총 700만 원(연금저축 400만 원, 퇴직연금 300만 원) 한도로 세액공제. 총 급여 5,500만 원 이하는 공제율 16.5%(최대 1,155,000원)이고, 5,500만 원 초과 시 13.2%이다. (절세액 1,155,000원은 연이율 2%로 월 1,000만 원씩 은행적금 시에 산출되는 이자보다 많은 금액이다)

2 보장성보험의 보험차익 비과세

- 보장성보험에 가입 후 보험금을 수령하면 이에 대해 소득세가 부과되지 않는다.
- 종신보험에 가입 후 피보험자 사망으로 사망보험금을 수령할 경우 소득세법시행령은 사망보험금을 보험차익에서 제외하도록 규정되어 소득세가 부과되지 아니한다(상속세는 부과).
- 종신보험을 가입하고 해약을 할 경우 환급금이 비과세 요건을 갖추면 비과세된다.

3 저축성보험의 보험차익 비과세

- 저축성보험의 보험차익은 소득세법상 이자에 해당하고 이자소득세는 기본 15.4%의 소득세가 과세된다. 하지만 저축성 보험을 10년 이상 유지하면 해당보험에서 발생한 보험차익은 비과세된다. 1인당 한도는 월납 150만 원, 일시납 1억 원 한도가 적용된다.
- 2017년 비과세 요건강화로 월적립식 저축성 보험은 납입기간이 5년 이상이고, 최초 가입일로부터 10년이 경과되어야 하고 매월 납입하는 기본보험료가 균등해야 한다.
- 생명보험에 종신형 연금보험을 가입하고 일정요건을 갖출 경우에도 비과세가 된다.

4 소득세와 상속세

- 보장성 보험에서 피보험자의 신체상해(부상, 사망)로 인한 보험금은 비과세되지만 계약자 사망으로 가족에게 계약이 이전될 때에는 상속세가 과세된다. 저축성보험에 가입한 고객이 자식에게 계약을 이전해 줄 경우 증여가액은 해지환급금을 기준으로 과세된다(대법원 판례).

- 피보험자 사망으로 수령하는 보험금은 비과세이지만 그 보험금은 상속재산에 포함되어 상속세가 부과된다. 종신보험의 사망보험금으로 상속세 납부재원을 마련하려면 계약자(상속인), 피보험자(피상속인), 수익자(상속인) 형태의 보험가입이 필요하며 다만 이런 경우 보험료를 납부할 만한 상속인의 경제력이 입증되어야 한다.

금융소비자정보포털
파인^{FINE}

본인 자산관리는 모든 계좌정보를 모아놓은 파인(FINE)(fine.fss. or.kr)에서 조회가 가능하다. 휴대폰 인증이나 공인인증으로 본인의 금융사 은행, 보험, 연금계좌를 전부 볼 수 있다.

파인의 포털 연결 사이트를 통해 실손보험 등 보험사간 보험료를 비교할 수도 있고, 사망한 가족의 금융거래내역도 조회 가능하다. 통합 연금포털 '내 연금조회'에서는 국민연금, 퇴직연금, 개인연금 등 모든 연금의 적립액과 향후 수령 예상금액까지 확인이 된다. 또한 현시점 노후필요자금까지 산출된다. 만 56세 기준으로 노후필요자금은 현재 466,782,000원이다(산출조건은 60세 은퇴, 필요생활비 1,540,000원, 월 기준).

도와줘요
상속 증여

다음은 신한라이프 상속증여연구소에서 발간한 책자 『도와줘요 상속증여』에 실린 내용을 발췌하였다(중앙일보 2021년 칼럼에도 등재)

세금은 죽음처럼 피해갈 수 없다. 세금이 증가하는 시대에 납세자의 노력여하에 따라 세금 액수가 달라질 수 있다. 상속세와 증여세는 원보유자(증여자)의 재산형성과 보유과정에서 이미 세금을 납부했기 때문에 이중과세 논란이 있고, 당사자들 입장에서는 더욱 절감하고픈 감정이 있다. 상속과 증여는 자산의 무상이전이라는 점에서는 같지만 상속은 사후에, 증여는 생전에 이루어진다는 점이 다르다. 얼마 전까지 상속과 증여는 재벌이나 큰 건물주의 이야기였지만 최근 부동산의 급격한 상승으로 아파트 한 채 가진 중산층도 상속세 대상이 될 수 있다.

현재 16억 원의 서울소재 아파트를 가진 가장에게 가족으로 배우자와 자녀 1명이 있다고 가정하자. 이런 경우 갑작스런 사고로 상속이 된다면 1,800만 원의 상속세가 발생하고 추후 배우자마저 사망한다면 8,200만 원의 2차 상속세가 발생하게 되어 총 1억 원의 상속세가 발생한다.

특히 30억 원을 초과하는 재산의 상속세는 50%에 달하는데, 이를 줄이기 위해 일찍부터 증여가 필요하다. 증여재산공제는 증여 시 과세되지 않는 액수로 10년간 배우자는 6억 원, 성인자녀는 5,000만 원, 미성년 자녀는 2,000만 원이다. 이 기간 가만히 있으면 증여재산 공제 기회는 날아간다. 요즘은 어린 자녀에게 2,000만 원 이내의 현금을 증여한 다음 자녀명의의 주식이나 펀드를 장기 보유하는 사람들이 많아졌다.

상속 계획 시 필수 포인트는 다음 3가지이다. 첫째 가족 간 분쟁을 피하기 위해 상속재산의 분배가 공정한지 점검한다. 둘째 상속세 절세를 위한 증여플랜을 가지고 있어야 한다. 마지막 세 번째는 상속세 납부재원 마련이다. 상속세는 부모사망 시 6개월 이내 현금 납부가 원칙이다. 최고세율 50%로서 현금이 부족하다면 재산을 급히 처분해야 하고 부동산의 경우 제값을 받지 못하게 된다. 이처럼 세금납부 의무는 죽음처럼 갑작스럽게 발생함으로 사전에 납부재원을 준비해 두어야 소중한 상속재산을 지킬 수 있다. 현실적인 방법으로는 사망과 동시에 지급되는 피상속인의 종신보험이 있다. 종신보험은 계약자,

피보험자, 수익자의 관계에 따라 사망보험금에 상속세가 과세되기도 하고 전혀 없기도 하다. 상속세 납부재원 목적의 종신보험 가입 시 세무전문가 및 보험컨설턴트와 의논하는 것이 좋다.

증여자	증여세 공제한도 (10년간 합산금액)
배우자로부터 증여받는 경우	6억 원
직계존속(계부, 계모, 조부모 포함)	5천만 원(미성년자는 2천만 원)
사위 또는 며느리, 기타 친족	1천만 원

상속세 세율 (2020년 기준)	
과세표준	세율
1억 원 이하	과세표준의 10%
1억 원 초과 5억 원 이하	1천만 원+1억 원을 초과하는 금액의 20%
5억 원 초과 10억 원 이하	9천만 원+5억 원을 초과하는 금액의 30%
10억 원 초과 30억 원 이하	2억4천만 원+10억 원을 초과하는 금액의 40%
30억 원 초과	10억4천만 원+30억 원을 초과하는 금액의 50%

상속세 세율(2020년 기준)
상속세(증여세) = {총 상속(증여)재산가액−상속(증여)재산 공제액}× 세율
상속세와 증여세의 계산 방식은 동일하지만 공제 한도가 다르다.

건강보험 임의계속가입,
실업급여

건강보험 임의계속가입 제도

직장인이 은퇴하면 지역가입자로 전환된다. 직장가입자는 급여기준
으로 보험료를 회사와 반반 부담하지만 지역가입자는 소득과 재산에
보험료가 부과되어 부담이 클 수 있다. 자녀가 직장가입자이고 본인
이 피부양자 요건을 갖추고 있으면 문제가 없다. 하지만 자녀가 아직
취업 전이거나 본인이 고액연금수령 등으로 피부양자요건이 아니라
면 보험료를 비교해서 임의계속가입을 고려해야 한다. 본인이 원하
면 3년간은 기존 직장가입자와 동일하게 피부양자로 올릴 수 있다.
신청기한은 지역가입자가 된 이후 최초로 고지받은 지역보험료 납부
기한 2개월까지이다.

고용노동부 실업급여

실업급여를 수령하려면 고용노동부에서 인정하는 교육을 받거나 실질적인 구직활동이 있어야 하며, 자발적 퇴사는 실업급여가 제한된다. 65세를 지나서 재취업한 경우 실업급여 혜택을 받을 수 없지만, 65세 이전에 취업 후 퇴직한 경우에는 지급이 된다.

실업급여 수령기간은 연령 및 가입기간에 따라 120일~270일이다. 급여 수급 중 소정급여일수의 2분의 1 이상을 남기고 재취업하는 경우, 조기 재취업수당으로 잔여 지급일수의 2분의 1을 지급받을 수 있다. 실업급여는 퇴직 전 평균임금(3개월)의 60%에 소정 급여일수를 곱하여 계산한다. 다만 상한액이 있다. 2021년 실업급여 상한액은 일 66,000원으로 기존 월급여가 약 350만 원 이상이면 실업급여 상한액 해당자가 된다.

실업급여는 취업하지 못한 기간에 대하여 적극적인 재취업활동을 한 사실을 확인하고 지급한다. 적극적인 재취업활동을 증빙해야 하고, 취업을 위한 학원수강 기록이나 인터넷 강의 수강내역을 제출해도 인정이 된다.

부채관리
5계명

금융(金融)이란 돈을 빌리고 빌려주는 거래이다. 이자를 매개로 하여 돈을 빌리는 채무자와 돈을 빌려주는 채권자의 거래이다. 돈을 빌린 채무자는 빚쟁이가 되어 채권자에게 종속되기 쉽다. 누군가가 돈을 많이 벌면 상대적으로 누군가는 그에게 시간과 노동을 제공해야 하는 의무가 생긴다. 부채의 크기만큼 그의 자유가 구속되는 것이다. 다음은 《반퇴의 정석》을 쓴 김동호 작가의 '부채관리 5계명'이다. 빚을 레버리지로 활용하되 퇴직 시 빚은 제로로 만들라고 조언한다.

부채관리 5계명

❶ 우선 재무제표를 주기적으로 점검하자. 자산과 부채를 정확히 파악해야 하는데 사실 자신의 순자산과 빚을 정확히 아는 사람은 많

지 않다.

❷ 양성 빚과 악성 빚의 구분이다. 주식 투자를 위한 빚은 금물이다.

❸ 부채가 불가피하다면 우선순위에 따라 상환하자. 고금리-소액-
만기가 임박한 빚 순서로 상환한다.

❹ 신용 관리를 한다. 금융기관 연체가 발생하면 개인 신용등급이 떨
어지고 금리가 올라간다.

❺ 배우자에게 숨긴 부채를 공유하고 상환계획을 세운다.

대출의 3대 리스크

❶ 정책 리스크(정부금리정책 등)

❷ 신용리스크(이자 지연상환 시)

❸ 강제상환 리스크(기한도래 미상환 시)

투자와 위험

한편 투자 시 위험감수 성향을 세분하면 다음 5가지 '공격투자형, 적
극투자형, 위험중립형, 안정추구형, 안정형'으로 구분할 수 있다. 한
금융회사에서 투자성향을 조사하였는데 우리나라 50~60대 직장인
80% 이상은 안정추구형과 안정형을 선택한 반면, 50~60대 미국 직
장인들의 경우 40%가 공격투자형, 적극투자형을 선택했다고 한다.
국내 직장인 중 공격과 적극투자형은 10%에 불과하다.

7장

호모 헌드레드 시대의
위대한 중년들

자신의 경험과 강점을
과소평가하지 마라

한나라 유방은 자신보다 훨씬 강했던 항우를 제압하고 천하를 통일한 뒤 신하들에게 이렇게 말했다. "지략은 장량보다 못하고, 나라 살림은 소하보다 못하며, 군사를 이끄는 데는 한신에 미치지 못한다. 그런 내가 어떻게 항우를 물리치고 황제가 됐겠는가. 이 걸출한 인재들을 적절하게 쓸 줄 알았기 때문이다." 유방은 사람들을 아우르는 지혜가 있었고 이것이 유방의 삼불여(三不如)이다.

하늘은 한 사람에게 모든 재능을 주지 않았다. 말을 잘하거나 글을 잘 쓰거나 둘 중 한 가지를 잘하는 사람은 많지만 두 가지를 모두 잘하는 사람은 드물다. 그럴 필요도 없다. 한 분야의 전문가는 다른 분야의 바보이기도 하다. 중국 전국시대의 한비자와 전한시대의 사마상여는 말더듬이였으나 이들은 말보다 글로 성공을 하였다. 조선건국에서는 태조 이성계 옆에 정도전이 있었다. 소설 《임꺽정》에는 이봉학(명궁), 박유복(표창), 배돌석(투석), 곽오주(도리깨) 등 일곱 의형제와 책사 서림이 나온다. 어떤 사람은 활을 잘 쏘고, 어떤 이는 창을 잘 던진다. 어떤 이는 통솔력이 있고, 어떤 이는 남의 생각을 잘 캐치하고 어떤 이는 말을 잘한다. 어떤 훌륭한 리더라도 조력자가 필요하며, 인생 2라운드를 준비하면서 자신의 강점과 필요한 조력자를 찾아내야 한다.

나의 약점을 보완하기 어렵고 언제나 난공불락의 걸림돌이다. 이 때 임꺽정식으로 강점을 모아 비즈니스 조직을 갖춘다면 거칠 것이 없을 것이다. 역사에서 위대한 역할을 한 사람은 창이나 칼을 잘 쓰는 사람이 아니라 각양각색의 재능과 들쭉날쭉한 마음을 잘 아우르는 사람이었다. 성공의 걸림돌로 젊은이들은 경험과 인맥부족을 이야기하고, 나이든 사람들은 체력과 나이 탓을 한다. 그러나 자신의 약한 곳보다 강한 곳에 집중한다면 상황이 달라진다. 사람은 자신의 경험과 강점을 과소평가하는 경향이 있다.

중장년들은 젊은이들에 비해 속도에서 느리고 새로운 물결에 익숙하지 못하지만 그들은 풍부한 경험과 무형자산을 가지고 있다. 객관적으로는 사회초년생보다 50~60대 중장년들이 창업에서 유리하고 이들은 조직생활의 경험으로 쉽게 화해할 줄도 알고 갈등해결 능력도 뛰어나다. 이런 중장년들이 젊은이들과 협업하면 큰 동력을 얻을 수도 있고 때로는 청년보다 더 창의적이다. 이 장에서는 내가 만난 위대한 중년들을 소개한다. 이들의 공통점은 생각이 유연하다는 것이다.

청년 사업가가 된
전직 차관님

　일전에 중장년 일자리 관련하여 자문을 받고자 고교 선배인 박영준 전 차관님을 만났다. 박영준 선배님은 고려대학교 법학과를 졸업한 후 대우그룹에 입사하여 기획조정실에서 김우중 회장을 모시고 세계경영 일선에서 일하신 적이 있다. 이명박 서울시장 재직시절에는 서울특별시 정무담당 국장이었다. 이후 대통령실 기획조정비서관, 국무총리실 국무차장을 거쳐 2010년에는 제4대 지식경제부차관을 지낸 바 있다.

　그동안 한국과 베트남의 우호교류에 기여한 바를 인정받아서 베트남 호치민 경제대학 명예학장이 되었으며 한국M&A거래소(KMX)에서 개발한 자율거래 M&A플랫폼인 기부기(기업·부동산·기술)와 관련된 벤처기업 컨설팅을 하신다. 기부기는 매도희망 기업과 매수희망

기업이 원하는 상대를 자율적으로 찾아 매매까지 성사시키도록 돕는 자율매매형 M&A 플랫폼이다.

선배님의 말씀에 따르면, 기업은 M&A를 통해서 성장하는데 대기업 M&A와 달리 한국의 중견 · 중소기업 M&A는 환경(생태계)이 형성되어 있지 않아 적합한 상대를 만나기가 힘들다. 기부기는 중소기업을 위한 당사자 직접거래 M&A 플랫폼으로서 중소기업이 M&A를 스스로 진행할 수 있도록 돕고 있다.

또 선배님은 AI 로봇 회사인 제이엠로보틱스(JM Robotics)의 회장으로 계신다. 이 회사는 국내에서 활발한 로봇사업을 펼치면서 로보틱스 지능개발 및 서비스앱 개발에 집중하고 있다. AI 로봇 분야에서는 교육과 엔터테인먼트를 위한 알파 로봇, 서비스 로봇인 크루저(Cruzr) 로봇이 있고, 보안 · 순찰 분야에서는 아트리스(Atris) 로봇 등이 있다.

순찰로봇의 경우 공원이나 한강변을 밤새 지킬 수 있고, 교육용 로봇은 초등학생들이 인터넷 코딩을 할 수 있도록 도와준다. 요양병원 AI 로봇은 치매환자와 대화를 나누면서 치료를 돕는다. 치매환자용 로봇은 요양시설에서 뜨거운 반응을 보이고 있다. 반복적인 말도 잘하지만 사람과 눈맞춤을 할 수도 있다. 똑똑해진 치매로봇은 사용자 만족도가 90% 이상이다. 어떤 로봇은 500킬로그램의 물건을 들고 어떤 로봇은 10미터 높이로 뛰어오를 수 있다고 한다. 산업로봇은 무거운 것을 잘 옮기고 의료로봇은 실수를 하지 않는다. 이제 지겨운 노동은 AI 로봇에게 맡기고 인간은 오락과 문화생활에 집중할 수 있는 날이 임박했다. 다행히도 로봇은 인간이 못하는 것을 잘하고 인간이 잘하는 것을 하지 못한다. 선배님과 로봇 이야기를 나누면 시간 가는 줄 모른다.

선배님은 60세의 나이로 누구의 간섭도 없이 일을 설계하고 컨설 팅하면서 시간을 자유롭게 사용하고 있다. 보수가 없어도 배운 걸 사회에 다시 돌려준다는 마음에 이전의 회사생활이나 공직생활보다 더없이 행복하다고 한다. 선배님은 고령자의 인터넷 사용 능력을 키우기 위해 경로당에 컴퓨터 교육 시스템을 갖추자고 하신다. 고령자로 갓 진입한 베이비붐세대들은 높은 학력, 성공경험, 성실성 등이 특징인데 컴퓨터만 익숙하면 다양한 일을 할 수 있는 재원이 될 수 있다.

실제로 대부분의 직업은 완전자동화가 어렵다. 제조업과 운송업, 농업 등은 60% 정도의 자동화가 가능하고, 요식업과 숙박업 등은 70% 정도 자동화가 가능하다고 한다. 고령노동자와 YO세대들이 간단한 디지털 기술만 익힌다면 AI로봇과 역할 분담하여 산업전선에 다시 투입될 수도 있다는 게 선배님의 생각이다. 차관 재직 시에는 풍부한 경험과 활용능력을 가진 우리나라 중장년층들을 개발도상국으로 보내 시스템을 구축해 주고 양국이 서로 윈윈할 수 있는 프로그램을 만들기도 하셨다. 그 외 의료가 취약한 베트남, 인도 등에 원격진료 시스템을 구축하여 한국 의사가 치료를 할 수 있도록 하는 시스템 구축과 인구감소 대응책으로 여성과 중장년 인력 활용 등 현안을 화제로 삼았다.

박영준 선배님은 내가 개설한 〈예비퇴직자를 위한 창업과 투자 스쿨〉의 초대강사이기도 하다. 선배님과 대화하면 미래를 바라보는 태도와 방식에 따라 미래가 두려움이 아닌, 가능성으로 가득 차 있다는 것을 느끼고 대화 내내 가슴이 두근거린다.

전무님은 매일
운동 4시간,
영어공부 4시간

고교 선배님 중에는 훌륭한 분이 많다. 그중 씨젠의료재단 전무님으로 계시는 이원규 선배님은 100세 시대를 고민하고 있는 내게 영감을 주었다. 선배님 나이는 올해 59세이다. 하루 4시간씩 스텝퍼 운동을 하신 지 1년이 넘었다. 처음에는 스텝퍼 위에서 운동을 하면서 노래를 들었으나 4시간씩 들으니 더 이상 들을 노래가 없어서 영어공부를 시작하셨다.

엊그제 선배님 사무실에 들렀다가 우연히 영어 스피치를 듣게 되었는데 깜짝 놀랐다. 거의 원어민 수준이었다. 나도 카투사 생활 30개월을 하면서 많은 사람들의 영어 스피치를 들어 보았지만 단연 최고 수준이었다. 선배님은 처음 6개월간 CNN 뉴스를 들었지만 못 알아들어서 상당히 괴로웠다고 한다. 만약 이것을 공부로 접근하였더라면 포기했을 것이다. 공부란 졸리고 지겹고 해서 하루 4시간씩 절대 할 수가 없다. 그러나 스텝퍼 위에서 운동하는 동안 그것은 루틴이 된다.

선배님이 자주 나오는 영어문장을 미리 준비해서 운동시간 내내 발음하고 따라 했더니 CNN 뉴스가 하나씩 들리기 시작했다. 그동안 코로나로 인해 저녁회식도 없어서 운동시간을 잘 지켰고 1년이 지난 지금은 신기하게도 모든 뉴스가 들리고, 영어발음과 속도도 원어민 못지않다. 출근 전이나 퇴근 후, 하루 4시간 운동을 하시는 것은 선배님의 의지력이었지만 그 시간 위에서 영어공부를 결합한 것은 선배님의 창의력이자 자연스런 루틴이었다.

습관은 저절로 튀어나오는 것이고 이런 루틴은 한 분야에서 최고봉을 만들기도 한다. 이는 모든 50대 이상 세대들에게 용기를 준다. 배움에 늦음이란 없고 시작해서 꾸준히 시간을 투자하면 탁월해지는 것이다. 꾸준함이 곧 탁월함이 되는 것이다. 직장 은퇴 후에는 외국인 관광가이드를 해볼까도 생각하면서 하루 4시간 운동과 영어공부를 하는 임원, 주말에는 자전거 타기와 등산까지 하는 전무님은 100세 시대의 롤모델이다.

우리 아이들 멘토는
검도 5단

나와 사무실을 함께 쓰는 이상구 대표님은 청소년과 사회초년생들을 상대로 무료 컨설팅을 해주신다. 상구 형님 이력은 매우 흥미롭다. 농협과 보험회사(공제)에서 근무하였고 노동조합 활동을 하다가 해고만 무려 3차례 당했으나 3번 모두 대법원에서 승소한 이력이 있다. 해고가 될 때마다 3~4년간은 고정수입이 없어 극심한 생활고를 겪었고 여러 가지 일을 하면서 전전한 것이 큰 경험이 되었다.

나이든 사람들이 꼰대 소리를 듣는 세상이지만 컨설팅을 받은 젊은이들이 몇 년 후에 직장을 얻고 나면 형님에게 감사의 인사를 전해 오고 주례 요청도 자주 받는다. 상구형님이 청년 컨설턴트가 된 것에는 이유가 있다. 60대 중반의 나이지만 매일 아침 6시부터 9시까지 3시간은 모든 조간신문을 읽는다. 60세 무렵에 신체손해사정사 자격증을 땄고, 그해 최고령합격자이자 의료부문 전국 수석을 차지하였다.

또 40세에 검도를 시작해서 지금은 공인 5단이다. 초심자인 내게 형님의 검은 매섭고 빠르다. 나는 형님으로부터 검도에서 피해야 할 마음의 상태 4가지, 4계를 배운다. 즉 경구의혹(驚懼疑惑) 놀라고 두려워하고 의심하고 미혹되는 것을 피해야 한다. 검도 4계인 놀람, 두려움, 의심, 미혹됨은 인생을 살아가면서 피해야 할 감정이기도 하다.

형님네 가족들도 형님 못지않게 훌륭하다. 남들은 한 번 합격도 어려운 고시를 자녀들은 의사고시, 행정고시, 사법고시를 한두 가지씩 모두 합격했다.

형님은 내가 신입사원 시절 회사 업무를 하다가 알게 된 동종업계 직원이었다. 현재는 독립손해사정사로 일하고 있다. 내가 회사를 그만두었을 때 조언도 아끼지 않았다. "100세 시대니까 아직 젊다. 너무 성급하거나 초조하게 생각하지 말고 향후 5년, 10년을 보고 큰 계획을 세우라"고 하였다. 사실 퇴직할 때 마음은 2~3년 정도면 기반을 잡을 것으로 생각하였으나 높은 벽을 실감했다. 테니스를 더 이상 칠 수 없게 된 나에게 검도를 소개한 분도 형님이다. 검도를 시작하고 나서 체력에 대한 자신감은 물론이고 구부정한 자세도 교정되어 감사한 마음이다.

가끔 대학생인 두 딸을 데리고 형님을 뵙기도 한다. 지난 여름방학에 만났을 때 형님은 딸들에게 이런 이야기를 해주셨다. "때로는 어려운 일이 생길 수 있지만 청춘은 두 번 오지 않는다. 도전적인 삶을 살아라. 준비된 자만이 기회를 잡을 수 있다. 전공 분야 이외에 외국어 실력을 갖추어라. 남들이 따라올 수 없는 완벽한 외국어 실력은 나중에 큰 기회로 다가온다."

　형님은 주말마다 여주에 있는 주말농장에 가신다. 어느 날 형님은 서울로 올라오다가 개울가에서 물새 떼를 발견하고 한동안 구경을 했다고 한다. 어미 물새가 새끼들과 함께 있다가 먼저 날아오르고 나머지 새끼들이 순차적으로 하늘로 날아올랐다. 그런데 막내로 보이는 한 녀석이 날아오르다가 체력이 약해서 물에 빠지고 말았다. 겨우 물 밖으로 헤엄쳐 나온 새끼는 날개를 푸드덕 털고 나서 다시 날아올랐지만 또 물에 빠지고 말았다. 어미 물새가 상공을 배회하면서 응원을 했지만 도와줄 수가 없었다. 얼음 위에서 한참을 울던 새끼가 이번에는 무슨 생각이 들었는지 얼음판 뒤로 한참이나 물러나서 길어진 활주로 위를 재차 달음질하여 마침내 성공적으로 날아오르는 모습을 지켜보았는데 작은 생명체의 경이로운 노력에 감탄하였다고 한다.

　형님은 이야기를 끝내고, 헝가리에서 의대를 다니는 둘째딸에게 장래희망이 무엇이냐고 물었다. 둘째는 "저는 독일에서 의사생활을 하다가 사업을 하고 싶다"고 야무지게 답했다. 형님과 나는 '딸 덕분에 비행기를 자주 탈 수 있을 것'이라고 함께 크게 웃었다. 요즘 아이들 취업이 너무 어렵지만 우리 딸들은 물새처럼 뒷걸음질을 해서라도 성공적으로 날아오를 것만 같았다.

'돈이 나오는 집'
꼬마빌딩

《나는 다가구투자로 꼬마빌딩 4채의 주인이 되었다》의 박정선 작가는 모교인 오성고 비즈니스포럼 회장님이다. 50세 이후 생애설계와 관련하여 꼬마빌딩도 유력한 대안이 되겠다는 생각에 자문을 받고자 찾아뵈었다. 사무실 서가에는 부동산 관련 책이 수백 권 꽂혀 있었다. 재작년에는 《왕초보도 쉽게 따라할 수 있는 꼬마빌딩 짓기》도 출간하셨는데 벌써 3번째 책이다. 회장님은 말씀하신다.

"내가 거주하면서 돈을 벌지 못하는 집은 부동산이 아니다. 우리는 나이에 따라 살고 싶은 집의 종류도 달라지는데 학교 다닐 때는 학교 근처, 직장에 다닐 때는 출퇴근하기 좋은 직장 근처를 선호한다. 그러나 은퇴 후에는 '돈이 나오는 집'에 살아야 한다. 고령화 사회에서 수익이 없으면 노후가 불안하다. 덤으로 내가 갖고 싶은 집을 내가 직접

설계할 수도 있다."

　회장님은 서울보증보험에서 15년간 근무하셨고 퇴사 이후 15년 간은 부동산 공부와 투자로 별내신도시, 다산신도시, 서울 도심의 다가구주택 등 꼬마빌딩 4채의 주인이 되었다. 아파트 중심의 투자에서 벗어나 서울과 수도권의 역세권 혹은 신도시의 다가구주택을 리모델링하거나 신축하여 매달 월세가 나오는 건물로 만드는 일을 하셨다.

　땅값에다 약간의 건축비만 있으면 대출을 이용해서 신축이 가능하고, 신축기간도 4~5개월로 단기간이며 완공 후에 전세보증금을 받으면 바로 대출금을 상환할 수 있다. 꼬마빌딩은 보통 5층인데 1층에는 상가가 들어오고 나머지 층은 원룸이나 투룸, 쓰리룸으로 임대하게 되고 월세의 경우에는 천만 원 정도의 임대료가 나온다.

　서울 도심의 구옥을 사서 리모델링으로 가치를 높여 임대하기도 하고 아예 멸실하고 신축을 짓기도 한다.

　다세대주택은 다주택자가 되어 세금 부담이 크다. 하지만 다가구주택의 경우 1주택이 되어 세금부담이 크지 않은 장점이 있다. 회장님이 말하시는 '돈이 나오는 집'이란 내가 살면서 수익을 누리고 나중에 팔 때는 1가구1주택 비과세혜택을 보면서 수익을 극대화할 수 있는 집을 말한다. 즉 다가구주택의 경우, 살면서는 월세를 챙기고 팔 때는 오른 땅값만큼의 시세차익도 발생한다.

리모델링하기 좋은 건물
- 서울과 수도권의 역세권 혹은 지방 대도시나 지역 핵심도시
- 땅값만 주고 매입 가능해야 함(20년 이상 된 건물)

- 지하 1층 및 지상 3층, 옥탑방으로 구성된 것
- 건축물 구조 및 재질이 견고해야 함

  (벽돌집보다는 콘크리트 구조가 튼튼)
- 전철 역세권으로 임대수요가 확실해야 함

이 세상에 태어나
성장하는 삶은 당연하다

'이성당'은 '이 세상에 태어나 성장하는 삶은 당연한 것입니다'의 약칭이다. 《총각네 야채가게》와 《인생에 변명하지 마라》의 저자 이영석 대표님이 개설한 인문학 스쿨이다.

많은 강연과 세미나에 참석해 왔지만 '이성당'은 내게 특별하다. 20대 의대생부터 50대 직장인까지 다양한 남녀들이 모여 강의를 수강한다. 배우려는 청년들의 태도가 진지하고 매너가 좋다. 놀라운 것은 한 번 수강한 사람들이 재수강을 신청하고, 다음 강의에는 친구, 회사 동료나 대표, 심지어 배우자나 동업자를 참여시키는 사람들이 많다. 그는 많은 청년들의 인생 멘토가 되었다. 여기서 교육받은 사람들은 배운 대로 실천한다. 이런 점이 다른 인문학 스쿨과 다르다.

이성당 후배들과 식사 약속을 하면 좋은 음식점 3개 정도를 미리

검색해서 초대받은 사람의 의향을 물어본다. 일전에 이성당 후배가 자동차 접촉사고가 있어 내가 자문을 해준 적이 있었다. 전화로 고맙다는 말로 인사하는 것이 보통이지만 이 후배는 점심 약속을 요청했다. 약속시간과 장소를 내가 편한 곳으로 정했을 뿐만 아니라 점심 값도 내가 모르는 사이에 먼저 계산해 버렸다. 커피를 마시러 갔을 때는 더욱 놀라운 일이 벌어졌다. 티셔츠 두 벌을 내게 선물해 주었다. 사이즈를 몰라서 교환권도 넣어두었다. 지난 29년 동안의 지식과 경험으로 간단히 자문해 주었는데 감동적인 선물이었다. 나는 특별히 준비한 것이 없어서 마침 가방에 들어 있는 책 한 권을 얼른 선물로 주었다. '큰 선물은 머리를 움직이고 작은 선물은 마음을 움직인다' 라는 말은 옳았다.

이 모든 것들은 이성당에서 강조한 것들이다. 이영석 대표님은 본인이 경험한 것만 강의하고 그의 이야기는 경험과 지혜로 넘친다. 이성당 청년들은 배우면 실천하고, 실천한 것을 다음 수업기간에 발표한다. 이성당 강의는 항상 다음 멘트로 시작이 된다. "여러분과 저의 생각이 다를 경우 여러분의 생각이 항상 옳습니다." 다음은 6주간의 강연 중 일부 내용이다.

▶ 인간관계에서 상대방에게 질문을 예의 있게 한다.
  • 누구나 자기 이야기를 하고 싶어 한다. 질문을 하고 들어준다.
  • 각자는 다른 온도를 가지고 있다. 목소리를 상대방의 톤과 속도에 맞추어야 소통된다.

▶ 내가 할 일, 네가 할 일, 하늘이 할 일이 따로 있다.

- 세상에 3가지 '일'이 따로 있다. 상대방이나 하늘이 하는 일에 개의치 말고, 내가 할 일에 집중한다. 천지인(天地人)은 동양철학에서 만물을 구성하는 요소이기도 하다.

- 그 사람의 신발을 신고 5리를 걷기 전까지는 그 사람을 비난하지 마라(인디언 속담).

▶ 비즈니스에서 내 얼굴은 내 것이 아니고 상대방의 것이다.

- 얼굴은 얼이 담겨 있는 굴이며, 감정을 집에 가져가지 않는다.

- 고수는 감정을 숨긴다. 자영업자는 광대나 피에로와 같다

- 협상은 두 가지를 남긴다. 하나는 협상결과물 하나는 인간관계, 이 두 가지를 모두 만족시키는 것이 바로 성공한 협상이다.

▶ 친구에 대하여

- 아이의 자존감은 엄마랑 비례한다.

- 친구 한 명이 너무 중요하다. 어딜 가든 내 편이 있어야 한다.

- 인생은 사냥이 아니라 좋은 씨를 뿌려두는 농사이다.

▶ 나 자신은 누구인가?

- '현재의 나'와 '미래 잠재력'을 합산한 내가 진짜 나이다.

- 가짜의 모습으로 살다 보면 진짜가 되기도 한다. 인천 공항의 가짜 소나무는 진짜 소나무보다 더 비싸다.

- 창의적인 사람은 다중 페르소나를 가진다.

▶ 성장하는 사람의 조건
- 질문하는 습관을 키워라. 성장할 때 '나는 모른다'라는 훈련을 계속해라. 내가 모른다는 것을 모르는 사람이 대부분이다.
- 모르니까 질문할 수 있고, 모르니까 들을 수 있다. 질문을 하려면 조금 알아야 하고, 공부밑천이 있어야 질문도 할 수 있다.

▶ 진정한 지식은 경험을 통해 얻는다.
- 돈으로 물건을 사지 말고 최고의 경험을 하라.
- 돈을 벌면 경험을 사라. 여행은 돈으로 사는 경험이다.
- 옆문도 찾아라. 인생에 정문도 있지만 옆문도 있다.
- 시간을 벌려면, 본인 분야 이외의 것을 전문가에게 아웃소싱해라.

▶ 사람이 바뀌는 법
- 만나는 사람을 바꾸되 만날 수 없는 사람들은 그의 책을 읽어라.
- 당신의 목표를 구체화 · 수치화 · 시각화시켜라.
- 꿈과 목표를 정해라. 꿈은 목표의 상위에 있다.

만나야 할 사람과
만나지 말아야 할 사람

이성당 이영석 대표님은 좋은 글을 보거나 좋은 사람을 만나거든 공유하라고 권한다. 공유하는 사람이 리더이고, 좋은 사람을 소개해 주는 사람이 좋은 친구이다. 좋은 경험은 좋은 사람을 통해서 오고, 좋은 사람 뒤에는 또 좋은 사람들이 있다. 행복은 무엇을 소유하는 것보다 여행의 추억이나 좋은 일의 경험이 더 강렬하고 오래 간다. 다음은 인간관계에 관한 이성당 강연 중 일부 내용이다.

▶ 만나야 할 사람

· 좋은 정보와 지식을 주는 사람

· 만나면 즐겁고 긍정적인 사람

· 돈을 벌게 해주는 사람

- 좋은 사람을 소개해 주는 사람

▶ 만나지 말아야 할 사람
  - 외모가 단정하지 못한 사람
  - 남의 말 많이 하는 사람
  - 부정적인 사람. 충고, 조언, 평가, 판단하는 사람
  - 감사할 줄 모르는 사람

▶ 인간관계는 기운과 행복, 기쁨의 원천이다.
  ① 약속시간에 늦는 사람하고는 친구를 하지 말라. 시간 약속을 지키지 않는 사람은 모든 약속을 지키지 않는다.
  ② 부정적인 사람과는 눈도 마주치지 말라. 부정적인 사람은 아무리 변화시키려 해도 변화하지 않는다.
  ③ 감사할 줄 모르는 사람하고 절대 일하지 말라. 감사할 줄 모르는 사람은 배신하기도 쉽다.
  ④ 에너지 넘치는 사람을 가까이 해라. 아니면 만나는 사람을 바꿔라.
  ⑤ 유머 있는 사람이 되어라. 어려서부터 유머 있는 남자는 모든 사람들이 좋아한다.
  ⑥ 인맥의 나무는 스스로 자라지 않는다. 인맥의 허브를 찾아서 투자해라. 사업에서 인맥은 돈을 주고서라도 사야 한다.
  ⑦ 나이가 든다고 해서 어른이 아니다. 삶의 깊이도 함께 깊어 가야 한다. 1학년을 10년 다녀봐야 1학년이다.

⑧ 일과 삶, 각 분야에서 멘토를 한 명씩 두어라. 그 분야에서 먼저 성공한 사람에게 배우는 것이 가장 빠르다.

⑨ 진짜 멘토는 부모처럼 아무 때나 물어볼 수 있어야 된다. 우리는 진짜 배워야 될 것을 배우지 않고 배우지 않아도 될 것을 배웠다.

⑩ 이영석 대표는 의욕 넘치는 청년들에게 창업멘토로 자리매김하였고 내가 개설한 〈예비퇴직자를 위한 창업과 투자 스쿨〉에서 훌륭한 초대강사가 되었다.

▶ 응원하는 사람만이 응원을 받을 수 있다.

자신을 지지하는 응원군을 빨리 만들어라. 깊은 인연은 누군가를 응원할 때 생긴다. 어떤 모임이나 조직에서 나를 인정하거나 지지해 주는 사람 1~2명만 있어도 큰 힘이 된다. 내가 공주처럼 가만히 있으면 아무도 나를 지지하지 않는다. 모임이 있을 때마다 누군가를 위해 내가 하나씩 베푼다면 그는 좋은 응원군이 된다. 내가 좋은 사람이 되어야 좋은 사람들을 만날 수 있다. 내가 직접 자랑치 말고 남들이 나를 자랑하게 하라. 이것도 보험이다. 관계는 70%만 유지해라. 70% 이상 하려고 하는 순간 내 마음이 다친다.

나는 사업가인가,
참모형인가?

많은 이들이 사업가를 꿈꾸고 사업을 시작하지만 3년을 넘기는 사람은 6%에 불과하다고 한다. 이들 소수의 성공자들에게는 큰 그림이 있고, 끝까지 해내는 열정과 끈기가 있다. 맥도날드 창시자 레이 크록은 52세 때 햄버거 장사를 하는 맥도날드 형제를 만나서 프랜차이즈 권리를 획득하였다. 이후 그는 사업을 시스템화하였고 현재 120개국에 3만 개가 넘는 매장을 가지고 있다. 맛있고 저렴한 맥도날드 형제의 동네 햄버거 가게를 레이 크록은 사업화한 것이다. 다음은 《총각네 야채가게》의 저자 이영석 대표님이 생각하는 사업가의 자질과 리더의 조건이다.

사업가의 자질

- 본인이 이것저것 다하는 것은 장사이고, 시스템이 일하도록 하는 것은 사업이다.
- 사업을 하는 명확한 이유(WHY)가 있어야 지치지 않는 에너지를 제공한다.
- 내가 가장 잘할 수 있는 것을 해야 한다. 그래야 좋아하는 일이 된다.
- 남의 이야기를 잘 들어 주는 사람이 진정한 사업가이고 리더이다.
- 사업가는 만나는 사람을 가려야 한다. 당신이 만나는 사람이 당신의 거울이다.
- 훌륭한 리더 옆에는 항상 훌륭한 참모가 있고, 참모는 임기응변과 머리가 좋다.

사업가인 리더의 조건

- 리더는 깨닫는 자가 아니라 실행하는 자이다.
- 리더는 세상을 보는 관점이 다르다. 다른 생각을 하고 무형의 것을 볼 수 있어야 한다.
- 리더는 항상 배우는 사람이다. 리더 중에 뇌가 딱딱한 사람은 거의 없다.
- 리더는 두려움이 없고 결단력이 있다. 포용력과 에너지가 있다.
- 리더는 미세한 차이를 느끼는 전문가이고, 직관이 앞선 리더는 경험이 많은 사람이다.

무엇이 사업 동력이 되는가

미래의 사업가들에게

세계 1% 인구가 96%의 부를 소유하고 있다. 사업하는 사업가가 되어라. 돈을 벌어줄 사람이 계속 노동을 하게 해라. 돈은 지팡이와 같다. 내 앞의 장애물을 치울 수 있다. 돈으로 행복을 살 수 없지만 물질과 시간으로부터의 자유, 인간관계의 자유를 살 수 있다.

나쁜 에너지도 비즈니스 동력

좋은 에너지로만 사업을 하는 것이 아니다. 고대의 역사는 부족 간 보복전쟁의 연속 속에서도 발전을 이루었다. 분노와 같은 악한 감정은 선한 감정보다 큰 에너지를 분출한다. 일본에서는 아버지로부터 400억 원의 빚을 물려받은 사업가가 그 중압감으로 성공을 이룬 이야기가 있다. 30대에 사업 실패로 10억 원의 빚을 지고 죽으려고 하다가 영국 400대 부자가 된 한국계 켈리 최(최금례) 이야기가 있다. 그녀는 유럽 12개국에 1,200개의 스시 매장을 가지고 있으며, 사업 실패 후 자신과 비슷한 배경을 가진 사람 1,000명을 연구하고 5년 내 300억을 벌겠다는 목표를 세웠다고 한다. 실패는 성공으로 가는 길목에서 만나는 필수 허들이자 성공 직전의 모습이다. 깊은 좌절과 상처 속에서도 재기에 성공한 사람들의 이야기는 너무나 많다. 실패와 상처가 그의 그릇을 키우고, 기초부터 철저하게 단련시키기 때문이다.

위대한^{Great} 삶을
위한 절규

뛰어난 축구선수는 보이지 않던 공간을 순식간에 만들어 내고 슈팅 기회를 만든다. 자기 분야에서 차별화된 성과를 내는 사람들은 창의성과 창조의 힘을 가지고 있다. 그들은 목표를 정하면 해결방법이 반드시 있다고 생각한다. 그리고 오랜 시간과 경험의 축적을 통해 폭발적인 창의력을 분출한다.

지인을 따라 사업설명회에 간 적이 있다. 재미교포 출신의 부사장 강연은 동기부여 차원에서 최고의 강연이었다. 그는 청중들에게 어떤 것이 최선인지 보겠다며 모두 의자에서 일어나 양손을 위로 최대한 올리라고 했다. 사람들이 양팔을 귀에 바짝 붙이고 양손을 들어올렸다. 그는 발꿈치도 힘껏 들라고 했다. 사람들이 발꿈치로 까치발을 하자 이번에는 몸을 최대한 뻗어 보라고 했다. 사람들이 온몸에 힘을 주자 손바닥이 천장을 향해 한 번 더 올라갔다. 이때서야 그는 만족하면서 "여러분은 생각보다 훨씬 더 큰 힘을 낼 수 있다"고 했다.

짐 론과 지그 지글러가 비즈니스 멘토라는 그의 'Great 삶' 강연은 마음을 뒤흔들고 열광시키는 힘이 있었고 삶의 절규가 느껴졌다. 그는 위대한 삶을 위해서는 매순간이 중요하다고 역설했다. 성공을 위해서는 1년이 중요하고, 1년은 1달이 중요하고, 1달은 일주일이 중요하고, 일주일은 하루가 중요하다. 그리고 하루는 1시간이 중요하고, 1시간은 매순간이 중요하다. 즉 성공적인 삶은 매순간이 결정한다. 위대한 순간 → 위대한 1시간 → 위대한 하루 → 위대한 한 주 → 위대한 한 달 → 위대한 1년 → 위대한 삶으로 이어진다. 남들과 비교가 아닌 어제보다 1%라도 더 나은 하루를 보내야 하는 이유이다.

큰 생각이든 작은 생각이든 힘은 똑같이 들어간다. 매순간 분발해야 한다. 경험이 중요하지만 나쁜 경험을 머리나 가슴에 계속 남겨 두면 마이너스가 된다. 실패는 마음에 담지 않아야 한다. 매번 새롭게 출발해야 한다. 세상에 성공으로 직진하는 스프링이나 로켓은 없다.

매순간의 누적이 성공으로 가는 스프링이 되고 로켓이 될 뿐이다.

바보 중년

바보 중년이 되는 방법은 다음과 같다.

❶ 나이 탓을 하고 포기한다.

❷ 운동보다 말을 많이 한다.

❸ 남을 험담한다.

❹ 자신을 자책하고 괴롭힌다.

❺ 자주 삐친다.

❻ 젊은이를 이기려고 한다.

❼ 탐욕을 부린다.

❽ 체면을 먼저 생각한다.

❾ 일만 한다.

8장

재테크, 펀드와
부동산 투자

은퇴자는
고배당주 ETF

《돈의 비밀》 저자이자, 파이낸셜그룹의 교육기업 에프앤(fn)이노에듀 부대표인 조병학 작가는 주식이나 펀드는 장기적으로 볼 때 지금이 가장 쌀 때라고 말한다. 다음은 유튜버 신사임당과의 인터뷰 내용 중 일부이다.

자본주의는 돈으로 해결되는 사회 시스템이다. 자본주의 시스템을 운영하는 주체들은 주로 의사, 변호사, 판검사, 5급 이상 공무원들이지만 이 모든 시스템을 굴리는 것은 자본이다.

돈을 현금으로 보관하는 것은 최악의 방법이다. 돈의 가치는 물가상승률만큼 떨어지는데 물가는 매년 오르고 있어서 현금보유는 내돈을 조금씩 쪼개서 버리는 것과 같다. 그래서 전설적 투자자 레이

달리오는 '현금은 쓰레기다'라고 하였다. 실제로 연평균 물가상승률은 7% 내외인데 은행적금 이율은 고작 1~2%선으로 은행에 돈을 맡기는 것은 바보짓이 된다. 금 같은 경우는 가격이 두 배로 되는데 약 10년이 걸렸다. 연수익률이 15%인 ETF(Exchange Traded Fund)는 5년마다 두 배가 되었고 20년 후에는 16배가 된다. 즉 1억 원을 투자하면 16억원이 된다. 투자를 한다는 것은 미래를 맞추는 일이다. 과거를 상세히 들여다보고 현재의 상황과 연결하면 예상되는 미래 추이 선을 그려볼 수 있다.

직장인이라면 내 시간의 절반을 회사에 팔고 그 대가로 월급을 받는다. 결국 돈은 시간이고 내 인생인 것이다. 돈을 충분히 벌어두면 일하지 않아도 되고 내 시간이 생기게 된다.

돈이 무엇인지 모르기 때문에 돈이 없는 것이다. 돈이 소중한 것이라는 것을 알게 되는 순간 돈을 함부로 쓸 수 없게 된다. 자본을 이해하게 되면 자본만으로도 살아갈 수 있다. 그러려면 낭비로 종잣돈을 먹어치우거나 원금이 훼손되면 안 된다.

자본주의 사회에서는 내 능력이 아닌 다른 능력으로 일할 수 있는 방법이 많이 있다. 1993년부터 금융공학이 발전하여 금융공학으로 만든 돈 버는 시스템에 돈을 넣어서 돈을 버는 것이다. 2002년부터는 인공지능이 금융시장에 개입하면서 이쪽에 투자한 사람들이 큰돈을 벌고 있다.

※ 72의 법칙

복리의 이율로 어떤 금액의 가치가 2배로 증가하기까지 걸리는 시간을 간단히 구할 수 있는 법칙이다. 은행에 돈을 맡겨서 연이율이 2%일 경우 가치가 2배 증가하기까지 (72/2)=36년이 걸리고, 투자수익률이 연 10%일 경우 (72/10)=7.2년이 걸린다.

ETF는 인덱스 펀드를 거래소에 상장시켜 투자자들이 주식처럼 편리하게 거래할 수 있도록 만든 상품이다. 투자자들이 개별 주식을 고르는 데 수고를 하지 않아도 되는 펀드투자의 장점과 언제든지 시장에서 원하는 가격에 매매할 수 있는 주식투자의 장점을 모두 가지고 있는 상품으로 인덱스 펀드와 주식을 합쳐놓은 것이다. 우리나라 ETF 투자도 양호한 수익률과 다양성, 편리함으로 인해 지난 20년간 200배 이상 성장하였다. 투자의 달인 워런 버핏은 미리 써둔 그의 유서에서 "내가 죽은 뒤 아내에게 남겨진 돈을 국채 매입에 10%를 투자하고, 나머지 90%는 전부 S&P500 인덱스펀드에 투자하라"고 하였다.

참고로 인덱스 펀드(지수형 펀드)는 일반 주식형 펀드와 달리 KOSPI 200과 같은 시장 지수의 수익률을 그대로 쫓아가도록 구성한 펀드이다. 인덱스 펀드를 유가증권화한 것을 ETF(상장지수펀드)라고 하며 주식형 인덱스 펀드는 채권보다는 위험하지만 주식 투자법 치고는 보수적이다.

예를 들면 다우존스지수는 뉴욕증권거래소에 상장된 기업 중 우량기업 30개를 표본으로 삼아 지수를 산정하고, S&P500 지수는 신용평가사 S&P가 나스닥과 뉴욕증권 거래소에서 500종목을 뽑아 지수를 선정하는 것이다(S&P500 ETF는 'S&P500'을 추종하는 상장지수펀드로 국내외 다수 운영사가 있다). 투자 시 위험분산전략으로는 ① 종목분산 ② 분할매수 ③ 꾸준한 관심과 공부가 있다.

조 부대표는 전문가답게 연금 상품을 해지하고 ETF상품에 투자했다. 소득은 능동적 소득(근로소득)과 수동적 소득(자본소득)으로 분류할 수 있다. 수동적 소득(자본소득)이 내가 원하는 만큼 충분해야 경제적 자유가 가능해진다. 돈을 버는 방법으로는 ① 내 시간을 팔아서 ② 남의 시간을 사서(사업해서) ③ 번 돈을 가지고 투자를 해서 돈을 벌수 있다. 그는 종자돈을 마련하기 위해 먼저 월수입의 60%를 저축하라고 조언한다.

전 세계의 돈은 미국 시장으로 모인다. 따라서 최고의 주식시장은 미국이다. 펀드의 경우 우량 종목들로 구성된 ETF를 발굴해서 투자한다. 미국 S&P500 기업(SPY)에 투자를 했다면 지난 10년간 연 12%의 수익이 났고, 나스닥 기술주 중심의 펀드(QQQ)에 투자를 했다면 연 15%의 이상의 수익이 났다. 참고로 상위 1% 부자들이 매년 지속해서 내는 수익률은 연 12% 수준이다.

전 세계에는 SPY나 QQQ처럼 만들어진 ETF들이 많다. SPY는 1993년도에 만들어진 1세대 ETF이며, 제일 먼저 만들어져서 자산규모도 크고 운용보수도 싼 편이다. 단 미국 ETF와 주식은 모두 해외주식으로 처리가 되어서 20%의 양도소득세와 2%의 지방세를 내야한다. 이때 손실이 난 상품이 있으면 동시에 처분해서 세금을 줄여야한다.

ETF를 운용하는 대표적 자산운용사는 블랙록, 뱅가드, 스테이트(스트리트)와 같은 곳이 있다. 펀드를 살 때 유의점은 그 펀드운용사의 운용보수(0.2% 내외)와 자산규모, 거래량을 보고 판단하면 된다. 전 세계에는 6,000개의 ETF가 있는데 주요 ETF로는 국내 시가총액 TOP3 ETF와 미국 시가총액 TOP3 ETF가 있다.

① 국내 시가총액 TOP3 ETF

KODEX200, TIGER200, KODEX200 선물인버스2X

② 미국 시가총액 TOP3 ETF

QQQ(나스닥), SPY(S&P500), IVV(S&P500)

나스닥 기반의 기술주 ETF는 통상 예상수익률이 15%인데, 이중 QQQ는 지난 3년 동안 기술주상승으로 무려 142%나 상승하였다 (〈매일경제〉 2021년 11월 18일 자 참고). 다만, 2022년 들어 주식시장의 대세 하락으로 상승분의 상당부분을 반납한 것은 주식시장이 가진 특성이기도 하다. QQQ 편입종목에는 마이크로소프트(10.81%), 애플(10.58%), 아마존(7.6%), 테슬라(5.54%), 엔비디아(4.87%) 등이 있다. 2021년 기준 QQQ 시가총액은 약 200조 원, 일일거래량 약 10조 원이다.

은퇴자에게 적합한 고배당주 ETF

조 부대표가 은퇴자들에게 추천하는 것은 고배당주 ETF이다. 일반적으로 주식투자는 매매차익을 목표로 한다. 하지만 은행이자처럼 배당받는 것이 목표일 경우에 고배당주 ETF에 투자한다. 배당 성향이 높은 미국 기업들을 따로 모아 구성한 ETF도 있다. 뱅가드의 VYM, STATE & STREET의 SPYD, 블랙록이 만든 DVY 등은 대표적인 고배당 ETF들로서 연평균 10% 성장과 3% 내외의 배당을 해왔다. 고배당 기업으로는 존슨앤존슨, 프록터앤갬블, JP모건체이스, 화이자, AT&T, 인텔 등 꾸준히 성장하는 기업들이다.

인구, 일자리, 부동산 전망

인구와 일자리, 부동산 전망에 대해 조병학 부대표는 다음과 같은 의견을 제시한다. 현재 취업가능인구 중 실질적인 실업률은 25% 정도이고 2030년에는 50% 정도가 놀게 된다.

세계 인구는 2100년까지 증가하지만 선진국 인구는 오히려 자연 감소한다. 사람들이 일자리를 잃어도 공장은 돌아가고 돈(주식)은 일을 한다. 2035년에는 사람 수준의 로봇이 등장할 것이고, 2040년에는 현재의 직업 대부분이 사라진다. 모두가 돈을 벌 수 있는 시간은 20년 밖에 주어지지 않았다. 새로운 산업이 생기면 그 분야에 필요한 새로운 직업들이 창출된다는 생각은 경제학의 이론이고, 공학적인 면은 컴퓨터 시스템과 로봇으로 일거리 파괴가 있을 것이다.

자율주행 자동차가 상용화되면 출퇴근 시간이 더 걸려도 외곽에 나가서 살 수 있다. 차에서 잠을 자거나 다른 일을 할 수 있기 때문이다. 또 고령자는 매년 늘어나고 있고 전체인구도 줄어들 것임으로 10~20년 후 부동산은 위험자산이 될 수도 있다.

동학개미운동과
데모테크 Demo tech

　　조병학 부대표와 함께 주식전도사로 알려진 존리 전 메리츠자산운용 대표는 동학개미운동 의병장으로 불린다. 《존리의 금융문맹 탈출》 등의 책을 냈고 유튜브를 통해서도 금융문맹 탈출을 강조한다.

　　우리나라 가계의 금융자산 비율을 보면 부동산에 치중되어 있다. 금융자산 특히 공격적 금융자산인 펀드의 비율은 전체 금융자산의 3%에 불과하다. 회사에 투자하는 방법에는 주식에 투자하는 방법과 채권에 투자하는 방법이 있다. 존리 대표는 자산증식 시스템이 없는 사람이 자산을 가장 빨리 불리는 방법은 주식이라고 말한다. "주식이나 펀드는 사는 것이지 파는 것이 아니다. 주식은 현재의 경기와 관계가 없고, 미래의 기업 가치이기 때문에 현안에 일희일비할 것 없다. 주식은 투자이지 전쟁이 아니다. 우량주 펀드는 20년 후에 가격이 올라가 있다. 장기간 리스크를 즐기라.”

그가 대표로 있었던 메리츠자산운용은 펀드만 판매한다. 그는 주택 전세에 대해서 이렇게 말한다. 미국식으로 계산하면 전세금 대비 한국의 월세는 절반 정도로 아주 싸다. 전세자금으로 투자를 하고 월세로 사는 것이 좋은 자산운용법이다.

한편, 미래에셋투자와연금센터 김경록 대표는 경제학과 인구론으로 경제의 흐름을 짚어보고 앞으로 50년 동안 투자시장의 핵심테마로 데모테크(Demo Tech)를 지목한다. 데모테크는 인구구조의 변화(Demography)와 기술(Technology) 혁신의 합성어이다. 거대한 한류와 난류가 만나는 곳에 큰 어장이 형성되듯이, 새로 탄생하는 메가트렌드에서 거대한 부가 만들어진다. 여기서 큰 어장은 고령화와 신기술이 만나는 지점이다. 그의 메시지는 전승불복(戰勝不復, 전쟁에서 한번 거둔 승리는 반복되지 않는다)이다. 2021년에 서울 아파트가 대폭 올랐다. 하지만 코로나로 인한 매우 드문 상황이고 향후에도 같은 상황이 반복될 것으로 보면 큰일을 당한다고 경고한다. 부동산의 가격은 소득(기술혁신), 금리, 인구에 의하여 모멘텀이 생긴다. 과거 20년간 부동산 가격이 폭등하는 동안 우리 경제는 이자율이 8%에서 1%대로 내려오고 1인당 GDP가 1만 불에서 3만 불로 상승하였다. 그는 우량주 위주의 정석 투자를 권유하며 이렇게 조언을 한다.

“투자는 연애가 아니라 참고 견뎌야 승리하는 결혼이다. 투자에서 승리만 얻을 수 없다. 권투를 하다가 보면 맞는다. 투자의 천재도 맞으면서 큰다. 투자의 귀재 손정의도 변화의 트렌드는 읽을 수 있었으나 종목 선정에서 실패가 많았다.”

주식옹호론자들에 대한 반론도 있다. 주식 매매로 돈을 번 개인투자자는 극소수이다. 투자의 제1, 2, 3원칙은 원금을 까먹지 말라는 것이다. 하지만 초보 투자자는 원금손실을 크게 보는 것이 일반적이다. 떨어진 주식을 장기간 보유하는 것은 경제적으로나 심리적으로 매우 어렵다. 기관은 손절과 차익실현 등 프로그램 매매를 하지만 개인은 심리적 장벽을 넘을 수 없다.

2017년 조선비즈와 금융정보업체 에프앤가이드가 함께 분석한 과거 10년간의 투자수익률 시뮬레이션에서 개인투자자들이 선호하는 30개 종목의 10년간 투자수익률은 −74%로 나타났고, 반면 같은 기간 같은 방식으로 계산한 외국인 투자자들의 수익률은 +78%였다. 개인투자자의 승률은 거의 도박수준이었다. 통상 우량주에 분산투자하여 장기간 보유하는 것이 투자수익률을 높이는 것인데, 개미들은 심리학적으로 이와 반대로 움직이기 때문이다. 또 다른 조사에서는 금융지식이 많은 30~40대 남성들이 금융지식이 적은 20~30대 여성들보다 투자수익률이 나빴고, 최악의 투자자는 20대 남성들인 것으로 나타났다. 체감적으로 주변에서 주식투자로 돈을 번 사람은 극소수이고, 대신 부동산으로 돈을 번 사람은 상당히 많다. 주식은 단기투자가 대부분이고 부동산투자는 대부분 5년 이상의 장기투자가 되는데 부동산은 장기적으로 실패가 거의 없었기 때문이다.

지금 집을 사야 하는가, 기다려야 하는가

1) 사람들은 도시로 도시로 모인다

1800년경 세계 인구의 3%가 도시에 살았다. 1900년경에는 수치가 14%로 올라가더니 1950년경에는 30%로 뛰었다. 우리나라도 도시화 추세가 지속되어 도시 지역 인구비율은 1970년 50.1%, 1980년 68.7%, 1990년 81.9%, 2000년 88.3%, 2019년 91.8%로 지속적으로 증가해 왔다. 2020년에 수도권 인구는 전체 인구의 절반을 넘는 50.1%를 차지하고 50대 기업의 본사 92%가 수도권에 있다. 이에 비해 외국의 수도권 인구비중은 영국 36.4%, 일본 34.5%, 프랑스 18.3% 정도이다.

고용정보원 연구원에 따르면, 조사대상의 30%인 1,000여 곳의 지방 마을이 소멸 고위험지역으로 지정되어 휴지 하나 살 가게가 없다.

청년층 인구감소로 인해 지방 대학의 정원미달, 대형마트들의 매출 감소로 일부는 폐교와 폐업을 심각히 고려하고 있다. 그러나 고령자들은 서울을 떠나지 않고 지방 사람들은 일자리를 찾아서 수도권으로 서울로 모여들고 있다.

2) 늙은 아파트가 대기업 부장님보다 돈을 더 잘 번다

집값 고점론에도 불구하고 한국경제신문사가 직장인 1,200명을 대상으로 한 설문조사(2021년 8월 30일)에서는 직장인들이 가장 선호하는 투자수단으로 부동산(48%)을 꼽았다. 부동산에 이은 재테크 수단은 해외 주식(22.5%), 국내 주식(20.1%), 암호화폐(5.8%), 적금(3.2%) 순이었다. 집을 투자수단으로 본다는 것과 적금보다 암호화폐를 더 선호한다는 것에 눈길이 갔다. 정부가 아파트가격 거품론을 주장하고 암호화폐를 화폐로 인정할 수 없다고 발표했지만 직장인들은 정부를 신뢰하지 않았다.

같은 아파트에서 테니스를 함께 치는 변호사님이 얼마 전에 하신 말씀이 떠올랐다.

"아파트는 오래 되어 점점 낡고 있는데 가격은 계속 올라가니 감사한 일입니다."

아이들 학교문제로 10년 전 강남구 도곡동으로 이사 올 때 30평대 아파트 가격은 7억 원 미만이었다. 내가 10년 간 전세로 사는 동안 우리 단지는 매매가가 세 배 이상 상승했다. 한때 주춤한 시기도 있었지만 꾸준히 올랐다. 이를 연간 단위로 계산하면 1.4억, 월 단위로 계산하면 1,160만원, 일 단위로 계산하면 383,000원이다. 지난 10년간

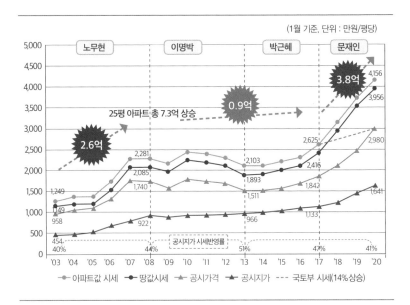

(1월 기준, 단위 : 만원/평당)

25평 아파트 총 7.3억 상승

2.6억

0.9억

3.8억

공시지가 시세반영률

40%　　44%　　51%　　47%　　41%

─●─ 아파트값 시세 ─●─ 땅값시세 ─▲─ 공시가격 ─▲─ 공시지가 --- 국토부 시세(14%상승)

정권별 서울 아파트 시세 및 공시가 변동 현황

(매년 1월 기준. 단위 : 만 원/평당)

출처 : 경제정의실천시민연합

주민들이 직장에 출근하여 근로소득을 얻는 동안 아파트도 동네에서 매일 소득을 창출해 왔다. 연간 시세차익 1.4억과 사용가치 월세 300만 원으로 계산하면 아파트가 창출하는 연간수익은 총 1.76억이다(이곳은 대치동이나 잠실, 반포나 잠원동에 비해 가격이 싼 편이다.).

　만약 집주인이 지방이나 해외에 거주했다면 월세를 받을 수도 있으니 도곡동 아파트가 실제 벌어들이는 수익은 월평균시세차익 1,160만원과 월세 300만 원을 합해 대략 1,500만 원가량이 된다. 강남의 직장인들은 자신이 출근할 때 자신이 살고 있는 낡은 아파트가 매달 1,500만 원씩 조용히 돈을 벌고 있다는 사실을 몰랐을 것이다.

위의 도표는 경제정의실천시민연합(경실련)이 발표한 정권별 서울 아파트(땅과 건물) 시세 및 공시(지)가 변동 현황이다.

보통의 직장인들은 임원이 되는 것이 목표이고 임원이 되면 성공적이라고 생각했지만, 이쯤 되면 진정한 승자는 강남 아파트를 보유한 직장인이다. 실제 회사에서 부서장이 될 확률은 3% 내외이고, 임원이 될 확률은 0.7% 안팎이라고 한다.

설사 부장이나 임원이 되어도 직장인들의 미래와 노후는 불안정하다. 부장에서 하차한 중간간부가 모아둔 재산이 많을 수 없다. 상무로 승진한 임원의 절반도 3년 이내에 회사에서 쫓겨나는 것이 일반적이다. 결국 직장인들 중 승자는 임원으로 승진한 1%가 아니라 서울, 그것도 강남에 아파트를 구입한 사람들이다. 자산형성에서 결정적인 것은 회사에서의 승진이나 근로소득이 아니라 자산구조에 있었다.

3) 부동산 규제넝쿨

문재인 정부가 금리, 대출, 세제 등 각종 규제와 3기 신도시발표 등 모든 정책 수단을 사용해 집값 누르기에 나서면서 '거래절벽'이 생기고 주택 상승세도 멈추거나 다수 지역이 하락세로 돌아섰다. 정부에서는 주택가격의 가파른 상승을 막기 위해 2020년 8월 종부세·양도세·취득세를 강화하는 부동산 3법을 통과시켰다. 투기와 관련이 없는 도심의 보통사람들도 보유세(재산세와 종부세) 폭탄을 맞기도 하였다. 2021년 기준 서울 시내 시세 9억 원 초과 아파트는 전체의 56.8%이다. 1주택자라고 해도 공시가격 9억 원(시세 12억5000만 원)을 초과하면 보유세를 부담해야 한다. 이후 2021년 12월에는 1가구

1주택자의 양도세부담을 완화하기 위해 비과세기준을 9억에서 12억 원으로 상향하기도 하였다.

2주택자 양도세 세율은 65%, 3주택자 양도세 세율은 75%이다. 높은 양도세를 감액받으려면 최소 2년 거주, 10년 보유라는 조건을 달성해야 한다. 이에 세금을 피하려고 일부 가정은 위장이혼을 고려하기도 한다.

2021년 기준 강남의 중소형 아파트 평균 매매가는 12억 원으로 2019년 대비 50%가량 올랐다. 사회 초년생들은 강남 아파트 청약에 당첨되어도 대출을 받을 수 없다. 대출과 세금규제가 적용되는 고가 주택의 기준이 '시세 9억 원 초과'로 되었기 때문이다.

서울을 포함한 '투기과열지역'에서는 집값의 40%만 대출이 가능하다. 9억 원 초과분에 대해서는 대출이 집값의 20%로 줄어들고 15억 초과분부터는 대출이 전면 금지되었다. 이런 대출규제로 신혼부부들은 사실상 서울 시내 아파트를 구매할 수 없게 되었다.

2022년 7월부터 금융위원회는 '가계부채 관리 강화방안'으로 총 대출액 1억 원 초과부터 DSR규제(40%)를 확대적용키로 했다. 총부채원리금상환비율(DSR)은 소득 대비 전체 금융대출 원리금 상환액 비율을 말한다. 여기서 금융대출은 주택담보대출, 신용대출, 카드론 등 사실상 모든 부채를 포함하고, 총 연봉의 40%선에서 원리금 상환이 되도록 하였다.

DSR 이외에도 대출규제에는 DTI와 LTV가 있다. DTI(Debt to Income, 총부채상환비율)는 연소득 대비 금융비용 부담률을 의미하고 LTV는 은행 입장에서 집값의 몇 %까지 대출을 내줄지 결정하는 규

제요건이다. 현행 은행권의 LTV는 지역과 주택 가격에 따라 20～
70%로 세분하였으나 새 정부는 대출상한을 일률적으로 70%로 단일
화할 계획이다. 다만 정부가 DTI와 LTV한도를 올리더라도 DSR 한
도가 40%로 묶여 있는 한 주택대출은 제한적이다.

집값 안정화를 위한 문재인정부의 의도는 좋았지만 자본시장의 힘
은 인간의 생존본능처럼 강했다. 의식주의 하나인 집값 문제를 시장
의 힘이 아닌 정부의 힘, 즉 각종 규제와 세금으로 해결하려고 했으나
무모한 시도로 판명이 난 것이다. 반면 새 정부는 이제 수요와 공급의
법칙에 의해 부동산문제를 해결하고자 마음을 먹은 것으로 보인다.

4) 보유세(재산세, 종부세) 폭탄

현재 고율의 세금정책으로 고가 아파트를 가진 사람들은 진퇴양난이
다. 공시가격 9억 원(시세 12억 5000만 원) 이상이면 종부세 부과대상
이다. 현재 공시가격은 시세의 60～70% 수준인데, 이 차이를 좁히
기 위해 정부는 2020년 10월 공시가격 현실화 로드맵을 발표하였고
2030년까지 시세의 90% 선까지 공시가격을 인상할 예정이다.

다주택자의 경우 이미 보유세 폭탄이 시작되었다. 강남권에 고가
아파트를 2채 보유하고 있다면 보유세가 1억 원 가까이 된다. 예정대
로 공시지가가 현시세의 90%가 되는 몇 년 후에는 더욱 상승할 것이
다. 계속 보유하면 보유세, 팔면 양도세, 증여하거나 상속을 해도 세
금은 30～40% 정도 예상된다.

평생 모은 재산으로 고가 아파트 하나만을 보유한 고령자가 있다
면 앞날이 걱정된다. 만일 고가 아파트를 보유한 1주택자가 보유세

2,000만 원을 부담한다면 월간으로 160만 원이 된다. 이 정도 금액이라면 집주인도 자기 집에서 월세를 내면서 사는 격이다. 그가 은퇴자라고 하면 연금을 전부 세금으로 내야 할 판이다. 한편 유럽 일부 국가의 경우, 종부세 등 보유세를 올리자 집주인들은 이를 세입자에게 부담시켰다고 알려져 있다. 세금규제에 대한 주택소유자들의 반발로 정치권에서는 이미 세율조정과 세제 재검토에 대한 논의가 뜨겁다. 높은 보유세 정책은 한시적일 수밖에 없다.

2014년경 경기침체로 정부가 부동산 부양책을 쓰기도 하였듯이 집값 버블이 걷히면 모든 세금 규제책은 일시에 제거될 수도 있다. 이 경우에 세금은 피하겠지만 투자손실이 생길 것이고, 몇 년 후에 집값이 내렸다고 해서 그동안 거두어간 세금을 되돌려주지는 않을 것이다.

5) 주택가격을 우상향으로 전망하는 전문가들

경기침체와 강력한 규제로 인한 부동산 경기의 냉각에도 불구하고 다수 부동산 전문가들은 서울 지역의 지속적인 아파트 가격상승을 예상한다. 정확히는 아파트가 아니라 아파트를 지을 땅값의 상승이다. 지난 50년간 한국의 땅값은 약 3천 배 정도 올랐다고 한다.

순인구가 감소한다 해도 1인 가구의 증가추세로 주택수요의 지표인 세대 수(주택 수)는 향후 30년간 늘어날 것으로 예상된다. 2020년 기준으로 서울에는 총 442만 세대가 있고, 세대 당 인구수는 2.19명이다. 향후 세대 당 인구수는 계속 감소하면서 1인 가구 비중이 늘어남에 따라 주택수요는 더 늘어난다. 이는 선진사회의 추세로서 2017년 기준 유럽연합(EU)의 1인 가구 비중은 34%이며 덴마크, 핀란드,

독일 등도 40%를 넘었다. 인구 1,000만 명의 선진국 스웨덴은 1인 가구 비중이 평균 51%를 차지했고, 수도 스톡홀름은 무려 60%이다. 2020년 기준 우리나라 1인 가구 비중은 32%이며, 이중에서 60대 이상 1인 가구수가 급증하고 있다.

구분		2000~2020년	2020~2040년
총가구수 증감		+570만	+210만
연령대별 가구수 증감	20~30대	−100만	−130만
	40~50대	+206만	−190만
	60대 이상	+400만	+530만 (*)
70대 이상 가구 비중		7%→15%(2020년)	15%→34%(2040년)
가구원수별 가구수 증감	1~2인	+680만	+380만
	3인 이상	−110만	−170만
1~2인 가구 비중		34%→58% (+24%P)	58%→70% (+12%P)

총가구수 증감과 1~2인 가구 비중

출처 : 통계청, 미래에셋 은퇴연구소

최근 몇 년간 아파트 가격이 대폭 상승한 이유로 전문가들은 정부 부동산정책의 실패, 수급불균형, 코로나로 인한 유동성 확대를 든다. 주택가격에 사이클이 있어 하락기가 온다고 해도 서울지역의 장기적인 상승추세에는 변동이 없다고 예상한다. 한 번 오른 주택가격은 잘 내리지 않고 건설현장 인건비와 건설자재, 토지가격도 상승한다.

정부로서도 부동산을 계속 누르고만 갈 수 없을 것이다. 주택과 부동산은 우리 경제 다방면에 영향을 미치고 있어 국가 경제의 상당부분을 차지한다. 현재 이루어지는 정부의 각종 정책으로 일시적 조정은 발생할 수 있지만 수급이 해결되지 않는 한 시장은 원래의 관성을 되찾을 것이다. 과거 서울 시장 교체만으로도 주택 정책은 180도 변경된 적이 있다.

주택 선호도와 가격은 곧 양질의 일자리와 관련이 있다. 외국의 경우에도 급여가 높은 IT 기업들이 입주한 지역의 집세가 제일 비싸다. 지방 인구가 감소하고 일자리가 줄어들자 사람들은 일자리를 찾아서 수도권으로 모여 들지만 수도권과 도심의 땅은 한정되어 있다. 서울의 경우 수요에 비해 공급이 절대적으로 부족하다. 서울 인접한 곳에 대단위 아파트를 지을 땅도 많지 않다. 아무리 서둘러도 정부가 부족한 아파트를 짓는 데는 5~7년이 소요된다.

사람들은 경험으로 배운 게 있다. 직장과 학군, 병원과 접근성을 고려해서 집을 산다면 수도권과 서울에 사야 하고, 서울 중에서도 강남을 선호한다. 돈이 모자라도 강남 접근성이 좋은 곳에 사야 안전하다. 그래서 GTX와 지하철 역세권 주위로 주택수요가 넘친다. 강남권 중에서도 한강이 보이고 학군이 좋고 역세권 지역인 반포와 잠원, 압구정, 대치동과 개포동, 잠실 등의 인기는 떨어지지 않는다.

조만간 모습을 드러낼 수도권 광역급행철도(GTX-A)에 대한 사람들의 기대감도 크다. 기존 수도권 지하철이 지하 20m 내외에서 시속 30~40km로 운행되는 것에 비해 GTX는 지하 40~50m의 공간을 활용, 노선을 직선화하고 시속 100km 이상(최고 시속 200km)으로 운행하는 신개념 광역교통수단이다. 동탄에서 강남 삼성역까지 15분, 일산에서 삼성역까지는 20분 소요될 예정이다. 다만 출퇴근 시 혼잡

도와 상대적으로 높게 책정된 이용요금이 변수이고, 역세권이란 통상 역에서 도보로 5분 이내 거리를 말함으로 수혜지역도 제한적이다. GTX를 먼저 개통한 영국의 경우는 GTX 역세권 주택가격이 다른 주변 지역보다 17%가량 비싸다고 한다.

그동안 부동산시장은 정부의 규제압박을 이겨내면서 거품처럼 끓어올랐고, 정부와 일부 전문가들의 버블예측을 비웃었다. 집 없는 세입자들은 '벼락거지'라는 신조어를 만들었고, 일부 젊은이들과 30~40대들은 '빚투'와 '영끌'의 대명사가 되었다.

이에 대해 각종 원망을 정부가 감수했지만, 그 배후에는 막대한 자금을 제공하는 은행이 있었다. 은행은 고객A가 100원을 맡기면 고객B에게 95원을 대출해 주고, 이 돈이 돌다가 고객C가 은행에 95원을 맡기면 고객D에게 다시 90원을 대출해 줌으로써 기하급수적으로 부채를 양산하는 곳이기도 하다. 2021년 2월 은행권 가계대출 잔액은 사상 최초로 1,000조 원을 넘었고, 이중 부동산담보대출 잔액은 733조 원이다. 2021년까지 대출한 자들이 승자였고, 세입자나 은행에 돈을 저축한 사람들이 패자가 되었다.

한국은행 자료에 의하면 우리나라 사람들의 전체 순자산 중 부동산자산의 비중은 75%로서 미국 35%, 일본 43%, 독일 67%에 비해 월등하게 높다.

2021년 한국은행의 '2018년 국민대차대조표' 통계를 보면, 가계 및 비영리단체의 총 순자산(약 8,726조 원) 중 주택자산(약 4,407조 원)이 50.5%로 가장 큰 비중을 차지하고 있다. 주택을 제외한 부동산자산도 약 25.7%로 집계돼 부동산 관련 자산이 전체 중 약 75%를 차지

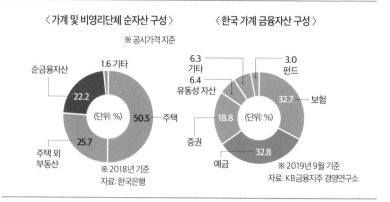

〈 가계 및 비영리단체 순자산 구성 〉
※ 공시가격 지준

순금융자산
1.6 기타
22.2
(단위: %)
50.5 주택
25.7
주택 외
부동산
※ 2018년 기준
자료: 한국은행

〈 한국 가계 금융자산 구성 〉

6.3
기타
6.4
유동성 자산
3.0
펀드
32.7 보험
18.8
(단위: %)
증권
32.8
예금
※ 2019년 9월 기준
자료: KB금융지주 경영연구소

한국 가계 금융자산 구성
출처 : KB금융지주 경영연구소

한다. 반면 금융부채를 제외한 순 금융자산의 비중은 22.2%인데, KB 경영연구소 통계 분석에 따르면 금융자산 중 예금이 32.8%, 보험은 약 32.7%에 달하고, 증권은 18.8%, 펀드는 약 3%에 불과하다.

다만 부동산 가격전망에 대한 전문가들의 의견은 엇갈린다. 몇몇 부동산 전문가들은 불길한 그림자가 다가오고 있고 버블이 터지는 시기를 2023년 이후로 보고 있다.

《트리플 버블》의 저자 한상완 2.1지속가능연구소 소장은 코로나 이후 원자재 슈퍼 사이클, 물가상승과 금리상승으로 금융위기가 올 것이며 그 시기를 대략 2023년 전후로 잡았다. 미국 정도는 괜찮겠지만 우리는 정부 부채와 가계 부채가 심각하여 큰 금융위기가 예상되므로 자산의 현금비중을 늘리라고 조언했다. 우려대로 예기치 못했던 우크라이나 전쟁으로 원자재가격 상승, 미연방준비은행의 금리상승 기조는 한상완소장의 예측에 무게감을 더하고 있고, 대다수 지역은 이미 가격하락이 시작되었다.

6) 서울 도심은 PIR 24

우리나라 주택보급률은 2008년 기준 100%를 넘었지만 자가보유율은 61%이다. 또한 본인 소유의 주택에 본인이 사는 자가점유율은 2019년 기준 58%에 불과하다. 반면 미국(64%) 등 선진국들의 자가점유율은 60%대를 유지하고 있다.

PIR(Price to Income Ratio)은 주택가격을 상대적 수준으로 비교하는 지표이다. PIR이 10이면 10년 동안의 소득을 전부 합산하였을 때 집 한 채를 살 수 있다는 것이다. 세계 평균 PIR 지수는 18 정도이다. 2020년 기준 서울 도심의 PIR은 24로 세계 최고 수준이다. 외국 도심의 PIR 지수는 런던 21.2, 파리 22.0, 북경은 44.2, 홍콩 47.5 등이다.

서울의 PIR 지수 24가 런던이나 파리보다 높다는 것은 버블의 신호로도 보인다. 그러나 세계 인구는 매년 1억 명씩 증가하고 있고, 서구 도시의 경우 지난 300년 동안 주택 가격은 연평균 10%씩 상승하여 왔다(출처: NUMBEO 2020, 세계도시들의 PIR)

이런 장기적 상승추세는 서울이나 수도권의 경우 변함없을 것으로 보인다. 서민주택대출은 보장되어야 하고 청년들은 은행권 대출이 가능하면 최대한 빨리 주택을 구입하는 편이 나아 보인다. 대출 없이 저축하여 집을 사려고 하면 급여소득이라는 총총걸음으로 황새처럼 달아나는 집값을 따라잡을 수가 없다. 땅은 희소성이 있고 건설자재 가격과 인건비는 지속적으로 상승한다.

7) 주택가격의 향방과 주택 구입시기

주택가격 예측은 쉽지 않다. 조정 여부와 시기, 조정의 깊이는 신의 영역이다. 다만 대다수 전문가들은 현재 살고 있는 전세금이 전부 본인의 돈이거나 무주택자(실수요자)라면 더 이상 서울주택 매입을 망설일 필요가 없다고 말한다.

만일 지금 아파트가격이 10이고 가격이 오르거나 내려서 3~4년 후에 다시 10으로 되돌아온다고 해도 손해가 아니다. 그동안 집에 들어가 살거나 전세를 줄 수 있기 때문에 충분히 사용가치를 활용할 수 있다. 물론 무리하게 대출을 받거나 교통편이 불편한 먼 외곽에 굳이 집을 살 이유가 없다. 주택 구입 시 이자율과 인플레이션을 고려하고, 일부의 주장처럼 금융위기로 인한 대폭락이 오더라도 원상 회복기까지 버틸 수 있어야 한다.

출산율 저하와 외국인 유입 제한으로 2020년에는 사상 처음으로 인구의 자연감소가 이루어졌다. 기술 발전에 따라 향후 5년 이내 자율주행차의 보급, 시속 200km의 광역급행철도(GTX) 보급으로 기존의 교통과 거주지 개념도 흔들리고 있다. 하지만 대다수 국민들은 여전히 재테크 수단으로 금융자산보다는 부동산자산을 염두에 두고 있다. 한국 부자들의 부동산자산 비중은 총자산이 많을수록 부동산자산 비중이 높았다. 이런 사람의 의식과 관성은 쉽게 바뀌지 않을 것으로 보인다.

KB금융지주 경영연구소에서 발표한 '2021 한국부자보고서'에 따르면 2020년 말 기준 금융자산 10억 원 이상을 가진 한국부자는 39만 3천 명이고, 서울과 수도권에 70.4%가 집중되어 있다. 2021

년 기준으로 한국부자들의 총자산은 부동산자산 59.0%, 금융자산 36.6%로 구성되어 있고 그 외에는 회원권과 예술품 등이다.

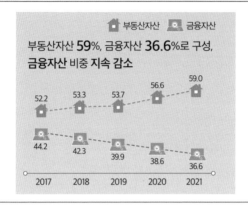

총자산 구성비

출처 : 2021년 한국 부자보고서 (kb금융지주/경영연구소)

주택가격의 상승을 전망하는 전문가들은 과거 경험에 근거한 귀납적 방법으로 미래를 예측하고, 비관론자들은 과거와는 달라진 요소를 대입하여 연역적 방법으로 미래를 예측한다. 지금까지 근로소득보다는 자산구조가 개인의 빈부격차를 결정적으로 벌려놓았다. 다만 부동산 투자는 개인의 전 재산이 걸려 있고 현금화하는 데 오랜 시간이 소요될 수 있기 때문에 보수적으로 결정을 해야 한다.

9장

취업정보 사이트,
창업과 재취업

중장년 구직자의 71.9%가
비자발적 퇴직

2021년 전국경제인연합회(전경련) 중장년일자리 희망센터가 40세 이상 중장년 구직자 306명을 대상으로 한 '2021년 중장년 구직활동 실태 조사' 결과에 따르면, 중장년 구직자의 71.9%가 권고사직, 명예 퇴직, 정리해고, 계약종료, 사업부진, 휴·폐업 등 비자발적인 사유로 퇴직하였다. 정년퇴직이라고 응답한 비율은 19%에 불과했다. 또 중장년 구직자들의 전 직장 퇴직 시 평균임금은 344만 원이었고, 재취업 시 희망 임금은 전 직장보다 21% 낮은 월 272만 원이었다.

기존 경력과 재취업 시 희망 직종이 일치하지 않았는데, 중장년 구직자 10명 중 6명은 자신의 주된 경력분야가 아니더라도 재취업을 희망하는 것으로 조사됐다. 그 이유로는 ① 연령제한 등으로 기존 직종 취업 가능성 희박(58.1%) ② 장기적 비전 고려 시 과거 경력 분야보다 희망 직종이 유리(11.1%) ③ 희망 직종이 중장년 취업에 유리(10.1%) 순으로 답했다.

중장년이 구직 활동 시 가장 어려운 점으로는 ① 중장년 채용수요 부족(32.9%)을 꼽았고 ② 나이를 중시하는 사회풍토(30.2%) ③ 새로운 기술, 직무역량 부족(13.5%) ④ 눈높이 조정의 어려움(10.6%) 순으로 조사됐다. 중장년 구직자는 구직활동 시 인터넷(39.8%)과 모바일(15.1%) 이용 등 온라인 활동비율(53.6%)이 가장 높았다. 그리고 지인 소개(15.1%)도 일부 있었다. 중장년 구직자의 67.0%는 70세 이후에도 경제활동(일)을 계속하기를 희망하였다. 결국 중장년 구직자의 3분의 2가 비자발적으로 퇴직하였고, 희망임금은 월 272만 원, 희망정년은 70세인 셈이다.

기업의 책임과
고령자 고용법

　고령자고용법 제21조의 3항에 따라 2020년 5월부터 1,000인 이상 사업의 사업주는 비자발적 이직 예정자에 대해 재취업지원서비스를 의무적으로 제공하도록 규정되었다. 고용보험 피보험자 1,000명 이상인 사업자로서 1년 이상 재직한 50세 이상 근로자가 정년, 경영상 이유로 비자발적으로 이직 시 진로설계, 취업알선, 창업 교육 등 재취업지원서비스를 제공하여야 하고, 50세 이상의 이직·퇴직 예정자를 상대로 한 적성·성격검사와 상담, 컨설팅을 제공하고 진로설계, 취업알선, 재취업·창업을 지원·교육해야 할 의무가 있다.

　참고로 고령자고용법은 '고용상 연령차별금지 및 고령자 고용촉진에 관한 법률'의 약칭이다(준고령자는 50세 이상~55세 미만, 고령자는 55세 이상, 고령자 고용법 시행령 제2조).

〈 재취업 지원서비스 제공 의무화의 주요 내용 〉

의무 대상 사업	서비스 제공 대상 근로자	서비스 내용 등
• 고용보험 피보험자가 1,000명 이상인 사업	• 1년 이상 재직한 • 50세 이상 근로자로 • 정년, 경영상 사유 등 비자발적으로 이직	• 이직 예정일 직전 3년 이내 • 경영상 이유로 퇴직: 이직 전 1년, 이직 후 6개월 이내 • 생애설계 등 진로설계 직업훈련취업알선 등 제공

재취업지원서비스 제공 의무화의 주요 내용

출처 : 고용노동부 재취업지원서비스 가인드라인(2021년)

① 재취업 지원서비스 제공 시기

이직(이직 예정일) 직전 3년 이내(경영상 퇴직, 희망퇴직, 권고사직과 같이 이직 시기를 예측할 수 없는 경우 이직 전 1년, 이직 후 6개월 이내)

② 재취업 지원서비스 제공 방법

사업주가 직접 제공 또는 전문기관 위탁(고용노동부장관이 정하는 인력과 시설을 갖춘 기관)

③ 고용노동부에서 하는 재취업 지원서비스 종류

전직지원과 일반취업지원, 창업지원, 귀농귀촌, 교육지원 등이 있다.

생애설계,
진로설계, 재무설계

생애설계란, 다양한 생활영역에서 생애주기별 각 단계를 거쳐 이루고자 하는 것을 체계적으로 계획하고 실천하는 것이다. 생애설계를 요약하면 다음 장 그림1과 같고, 재무가 생활영역의 기반이 된다. 영유아기는 의존과 생육의 시기, 아동기와 청소년기는 학습의 시기, 중장년이 되어서는 의무적 근로시기로 구분되고, 은퇴 이후 노년기에는 가사 등 생리적 필요시간 이외에는 길고 긴 자유시간이 주어진다. 이후 마지막 노년기에는 투병생활로 인해 다시 의존의 시기가 될 것이다.

고령자고용법에서 진로설계란, 향후의 직업·경력 영역의 단기·중장기 계획을 수립하는 것을 말한다. 구체적으로는 중년기 이후의 직업·경력, 자기개발, 사회봉사의 영역에서 생애사명과 생애주기 단

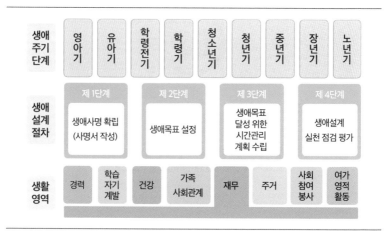

생애 주기 단계	영 아 기	유 아 기	학 령 전 기	학 령 기	청 소 년 기	청 년 기	중 년 기	장 년 기	노 년 기
생애 설계 절차	제 1단계 생애사명 확립 (사명서 작성)		제 2단계 생애목표 설정		제 3단계 생애목표 달성 위한 시간관리 계획 수립		제 4단계 생애설계 실천 점검 평가		
생활 영역	경력	학습 자기 계발	건강	가족 사회관계	재무	주거	사회 참여 봉사	여가 영적 활동	

생애설계의 정의

출처 : 고용노동부 재취업 지원서비스 가인드라인(2021년)

계별 목표를 설정한다. 소득 창출은 청년기와 중장년기에 국한되어 있지만 생존을 위한 소비는 전 생애를 걸쳐서 발생함으로 재무설계 란, 이를 잘 배분하고 매칭시키는 것이다. 세부적으로는 재정설계(자산 및 부채관리), 위험설계, 투자설계, 은퇴설계, 세무설계로 나눌 수 있다. 중년기 이후의 진로설계는 은퇴 이후의 긴 자유시간과 노년의 건강을 어떻게 지킬까 하는 문제이기도 하다.

재취업 지원서비스의
유형과 창업정보

회사는 50세 이상 근로자가 정년, 경영상 이유로 비자발적으로 이직 시 진로설계, 취업알선, 창업교육 등 재취업 지원서비스를 제공하여야 한다.

1 시니어 세대에 대한 창업지원

기대수명 연장으로 은퇴 후 노년을 준비하는 시니어 창업이 증가하였다. 국세청 자료에 의하면 신규사업자 중 50대 이상이 25.5%이고, 60대 이상도 전체에서 10%를 넘어섰다.

미국에서는 창업가 중에 50대가 다른 연령대보다 특히 많다.

▶ 창업정보 제공기관들

- 중소벤처기업부 창업진흥원(www.kised.or.kr)

- K-스타트업 창업 지원 포털(www.k-startup.go.kr)

- 중소벤처기업진흥공단(www.kosmes.or.kr)

- 한국사회적기업진흥원(www.socialenterprise.or.kr)

- 소상공인마당(www.sbiz.or.kr)

- 소상공인 시장진흥공단(www.semas.or.kr)

- 정보통신정책연구원(www.kisdi.re.kr)

2 재취업 지원서비스의 유형과 내용

유형	서비스 내용	제공기준
경력 · 적성 등의 진단 및 향후 진로설계	이직 이후 변화관리 등에 관한 교육, 소질과 적성, 경력에 관한 진단과 상담	16시간 이상의 교육과 상담 개인별 진로설계서 작성
취업알선	취업알선 및 상담 (이력서, 자기소개서 작성요령 등 취업지원서비스)	이직 전 3개월 이내 2회 이상 취업알선 (1회 이상 대면서비스 제공)
취업/창업에 관한 교육훈련	구직 또는 창업 희망에 따라 직무수행능력에 따라 실시하는 교육, 훈련	기간 2일 이상, 16시간 이상 집체, 현장실시 원칙 일부 원격방식 병행수행 가능

재취업 지원서비스의 유형과 내용

출처 : 고용노동부 재취업 지원서비스 가이드라인(2021년)

전직지원
서비스 기관

    고령화 사회에 대비하여 국내 기업에서 운영하고 있는 제도로는 계속고용(계약직), 정년연장(정규직), 임금피크제 등이 있다. 반면 전직지원을 위한 교육환경 지원은 미미하여 대부분의 고령인력 지원제도는 현 직장에서 계속 근무를 지원하는 형태로 운영되고 있다.

    회사 자체적으로 서비스 제공이 어려울 때 외부위탁 교육기관으로 한국산업인력공단과 노사발전재단이 있다. 재취업 지원서비스를 위한 교육시설과 시스템이 잘 갖춰져 있다.

▶ 전직지원 서비스를 제공하는 공공기관
　• 한국산업인력공단(www.hrdkorea.or.kr) ： 근로자의 평생능력개발 지원

- 노사발전재단(www.nosa.or.kr) : 고용노동부 산하 일자리 지원

중장년 재취업, 눈높이를 낮추자.

우리나라 근로자의 절반 이상이 50대에 가장 오래 근무한 직장에서 퇴직을 한다. 55~64세 취업 유경험자들의 가장 오래 근무한 일자리를 그만둘 당시의 나이는 평균 49세 정도이지만 이들이 사회 일자리에서 실제로 은퇴하는 나이는 약 72세이다. 주된 직장을 기준으로 하면 약 23년간의 공백 기간이 있고, 저임금과 불안정한 고용상태에 빠지게 된다.

50세 이후 일자리나 재취업은 상당히 어렵다. 재취업은 재혼 당사자들이 맞선을 보는 것과 같아서 고용주와 피고용인의 이해관계가 맞아야 한다. 50대 이후는 실업률이 높고 일자리 경쟁이 치열할 뿐만 아니라 설사 재취업을 해도 재취업 직장에서 2년 이상 근속할 확률 25.4%(2018년 중 장년 구직활동 실태 조사)이며, 정년이 60세인 회사는 채용된 근로자가 2년 이상 근무하기를 희망함으로 보통 만 57세 이하인 사람만 채용대상에 해당이 된다.

자신에게 맞는 중장년 재취업 노하우

다음은 서울특별시 50플러스재단에서 소개하는 재취업 노하우다.
❶ 책, 인터넷 정보 얻기
❷ 주위사람의 조언

❸ 수업, 강의

❹ 자원봉사로 관련업무 실제로 해보기

❺ 전에 경험해 본 일들 중에서 선택

❻ 자신과 비슷한 환경에서 준비하는 사람과 의견교환

중장년 재취업 특징		
과거 커리어 : (일/성취 중심)		미래 커리어 (삶/의미 중심)
지속적 고수입		적절한 수입
권력과 힘 추구	⇨	개인적 의미와 보람 추구
자기이익 중심		사회적 가치와 영향 중심
생존/지배		보람/행복/나눔

중장년 재취업 특징

출처 : 2021년 생애설계 컨설팅 전문가과정(고용노동부, 전국고용서비스협회)

다양한 취업정보 제공기관
(공공기관과 민간업체)

공공 취업정보제공 기관과 일반 취업정보제공 사이트가 있으며 공공부문에서는 워크넷이 가장 많이 이용된다.

1 공공 취업정보 제공기관

구분	운영기관	URL	비고
공 공	워크넷	www.work.go.kr	고용노동부
	서울일자리포털	job.seoul.go.kr	서울시 지자체
	잡알리오	job.alio.go.kr/main.do	공공기관 채용정보
	나라일터	www.gojobs.go.kr	공공기관 채용정보
	서울시설공단	sisul.or.kr/open_content	공단 채용정보에서
	서울특별시 교육청	www.sen.go.kr	행정정보–구인구직
	서울특별시 50플러스포털	www.50plus.or.kr	50플러스재단

주요 공공 취업정보 제공기관

① 워크넷(www.work.go.kr)

고용노동부가 운영하며 직업심리검사, 진로상담 등을 통한 직업 진로, 구인과 구직을 연결하는 채용정보, 각종 공채, 구직자 · 근로자 · 기업을 상대로 훈련과정 소개 등 다양한 구인구직 정보가 제공된다. 구직의 경우 희망지역, 희망연봉 등 조건입력 후 검색도 가능하다.

② 서울특별시 50플러스포털(www.50plus.or.kr)

서울시 장년층(만 50세~64세)의 은퇴 전후의 새로운 인생준비 및 사회참여 활동 지원하기 위해 설립된 서울시 출자출연기관이다. 일자리, 교육, 창업, 창직에 관한 다양한 정보를 얻을 수 있다. 대표적 서비스로 전직지원 프로그램, 상담, 맞춤형교육, 서울시50+ 인턴십과 보람일자리 등이 있다.

③ 꿈날개(www.dream.go.kr/dream)

경기도와 여성가족부가 제공하는 온라인경력개발센터로 직업역량진단, 직업교육, 취업상담 등을 받을 수 있다.

④ 전국고용서비스협회(knesa.or.kr)

다양한 구인 · 구직 정보, 민간고용서비스기관의 정보, 고용동향, 사이버교육원 강의 등을 제공한다.

2 일반 취업 정보제공 사이트

① 잡코리아(https://www.jobkorea.co.kr)

채용정보, 공채속보, 헤드헌팅, 기업별 연봉정보, 취업뉴스, 공기업모의고사, 자기소개서 작성방법 등을 지원한다.

② 사람인(https://www.saramin.co.kr)

구인구직, AI채용추천, 기업 및 연봉정보, 프리랜서 등록, 면접후기 등 취업, 채용에 필요한 서비스를 제공한다.

③ 인크루트(https://www.incruit.com)

신입공채, 알바콜, 이력서/자소서 자료 등

3 50세 이상 세대 활용 사이트

50대 이상은 눈높이를 낮추어 고용센터, 일자리센터 등에서 중장년을 대상으로 한 생애설계 및 전직지원 상담과 컨설팅을 받을 수 있다. 전문 업종이나 특화된 업종의 경우 다음 사이트 등이 유용하다.

① 하이브레인넷(www.hibrain.net)

대학교수와 연구직을 희망하는 석박사급 구직자를 위한 채용 정보사이트이다.

② 나라일터(www.gojobs.go.kr)

정부부처 공무원 및 기간제 근로자 채용 정보를 얻을 수 있으며 공무원과 일반인 모두 사용 가능하다.

③ 잡알리오(job.alio.go.kr)

기획재정부 공공기관 채용정보시스템이다.

④ 한국직업능력 원격평생교육원(www.pqi.kr)

각종 자격취득 및 무료강의 제공한다.

⑤ 알바몬(www.albamon.com)

정규직 및 알바, 구직과 채용정보를 제공한다.

⑥ 지식(GSEEK)(www.gseek.kr)

경기도 평생학습포털 사이트로 다양한 교육 정보와 강좌를 제공
한다.

귀농귀촌
정보 제공기관

구분	운영기관명	URL	비고
직종 창업	농촌진흥청	www.rda.go.kr	귀농 귀촌 지원
	귀농귀촌종합센터	www.returnfarm.com	귀농귀촌정보, 컨설팅
	농업교육포털	agriedu.net	농업교육, 귀농, 후계자
	농림수산식품교육문화정보원	www.epis.or.kr	농업인 정보화 교육 사업 안내
	농수산식품거래소	eat.co.kr	친환경 농산물 온라인 장터
	스마일재능뱅크	smilebank.kr	농촌 재능나눔, 재능기부
	경기도 귀농귀촌 지원센터	www.refarmgg.or.kr	지원정책, 귀농가이드
	서울특별시 농업기술센터	agro.seoul.go.kr	농업기술연구센터

주요 귀농귀촌 정보 제공기관

자기개발 정보제공 및
교육 · 훈련지원 기관

	운영기관명	URL	비고
직무, 직업 교육	한국평생학습포탈 늘배움	www.lifelongedu.go.kr	평생학습강좌정보 찾기 및 수강
	한국생산성본부	www.kpc.or.kr	핵심직무별 무료교육 정보탐색 및 수강
	고용노동부 HRD넷	www.hrd.go.kr	내일배움카드제 근로자능력향상훈련
	한국산업인력공단	www.hrdkorea.or.kr	직업능력개발
	한국직업방송	www.worktv.or.kr	직업능력개발 강좌
	한국콘텐츠아카데미	edu.kocca.kr	콘텐츠분야 전문온라 인 강좌 및 현장실기
	NIA 한국정보화진흥원	www.nia.or.kr	컴퓨터, 인터넷활용 웹디자인, 프로그래밍

배움나라	www.estudy.or.kr	컴퓨터, 인터넷활용 웹디자인, 프로그래밍
농업인력공단	agriedu.net	귀농, 귀촌 전문농업인교육정보
고용노동부 정책마당	www.moel.go.kr	취업정보, 고용연장지원, 장년취업정보

주요 교육과 훈련지원 제공기관

출처: 고용노동부 재취업지원서비스 가인드라인 (2021년)

1 국민내일배움카드

개인이 국민내일배움카드를 발급받아 직업능력개발훈련에 참여할 수 있도록 훈련비용을 지원하는 제도이다. 신청방법 및 자격은 한국 고용정보원의 직업훈련포털 hrd-net(www.hrd.go.kr)에서 확인할 수 있다.

고용보험에 가입한 근로자가 직업능력개발훈련에 참여할 경우 직접 발급을 신청한다. 1년간 최대 300만 원 5년간 최대 500만 원 까지 지원해 주는데 교육비의 45~85%를 지원한다(본인 부담분은 15~55%). 온라인과 오프라인 두 가지 교육방법이 있고 75세 이하의 재직자, 자영업자, 실업자 누구나 신청가능하며 취업률 70% 이상의 훈련과정은 자기부담금이 면제된다.

2 교육·훈련 프로그램

· 직업훈련포털 (www.hrd.go.kr) : 한국고용정보원, 고용노동부 HRD-NET

각종 훈련 제공(국민 내일배움카드 이용), 일자리 및 직업정보를 제공한다.

- 서울시50플러스포털 : https://www.50plus.or.kr/
  서울시50플러스재단에서는 50+인턴십으로 교육과 현장실습기회를 제공하고, 창업·창직, 공유사무실, 귀농·귀촌 지원사업, 미래설계와 커뮤니티 활동을 지원한다(서울시 50+재단).

- 무료온라인 평생학습
  지식캠퍼스 경기 : https://www.gseek.kr
  서울시 평생학습포털: https://sll.seoul.go.kr

- 여성인력개발센터(남성 20% 참여가능) : http://www.vocation.or.kr
- 서울시 기술교육원,
  북부: http://www.bukedu.or.kr/
  중부: http://www.jbedu.or.kr
  남부: http://www.nbedu.or.kr
- 경기도 기술학교 과정: https://www.gjf.or.kr

3 교육비가 지원되는 교육 사이트

한국자격검정평가진흥원, 무크(MOOC), 배민아카데미 등 무료 클래스도 있다.

① 한국자격검정평가진흥원(www.korea-edu.net)

각종 국가자격증 취득을 위한 효과적인 콘텐츠를 무료로 제공한다. 현재 50만 명 이상이 자격증 과정 공부 중이며 강사 재능기부로 만들어진 무료강좌도 있다.

② 무크(MOOC)

무크(MOOC)는 Massive Open Online Course의 약자로 수강인원에 제한 없이(Massive), 모든 사람이 수강 가능하며(Open), 웹 기반으로(Online) 미리 정의된 학습목표를 위해 구성된 강좌(Course)라는 뜻이다. 대규모 개방 온라인 강의로서 수많은 기관들이 전 세계 수백만의 학생들에게 강의를 무료로 제공하고 있다. 누구든지 인터넷에 연결해 명문 대학들의 뛰어난 강의를 직접 수강할 수 있을뿐만 아니라 마지막엔 이수증도 받을 수 있다.

우리나라 무크에는 KOCW(www.kocw.net)와 K-MOOC(www.kmooc.kr)가 있다. K-MOOC는 누구나 무료로 들을 수 있는 온라인 공개강좌로 원하는 대학 강의를 듣고 학점을 인정받는다.

③ 배민아카데미(academy.baemin.com)

장사의 기본기부터 실행을 위한 성공전략, 노무, 세무, 법무 등 장사를 위한 전문 지식을 담았고, 누구나 장사 공부를 무료로 할 수 있다.

국민취업지원제도
(Ⅰ유형, Ⅱ유형)

국민취업지원제도 : 홈페이지(www.work.go.kr/kua) 접속하여 취업지원신청서 작성한다. 2021년 1월 1일 「구직자 취업촉진 및 생활안정 지원에 관한 법률」에 근거하여 시행.

1 국민취업지원제도 Ⅰ유형

국민취업지원제도 Ⅰ유형은 생계안정을 위한 소득지원과 취업지원서비스를 제공한다. Ⅰ유형은 취업취약계층 중 저소득 구직자에 해당되어 구직촉진수당 50만원을 6개월간 지급받으며 취업조력을 받을 수 있다.

필요요건		연령	소득	재산	취업경험
Ⅰ유형	요건심사형	15~69세 (청년은 18~34세)	중위소득 60% 이하	4억원 이하	최근 2년 이내 100일 (또는 800시간) 이상
	선발형		중위소득 60% 이하 (청년특례: 120%)	4억원 이하	최근 2년 이내 100일 (또는 800시간) 미만 (청년은 취업경험 무관)
Ⅱ 유형			중위소득 100% 이하 (청년 : 소득제한 없음)	무관	무관

지원대상(수급자격 요건)

근로능력과 구직의사가 있음에도 불구하고 취업하지 못한 자 중 아래 요건을 충족한 자

출처 : 고용노동부

- 조건 : 재산 4억 원 이하
- 소득지원 : 구직촉진수당 총 300만 원 + 취업지원 서비스(이력서 및 자기소개서 컨설팅, 면접 컨설팅, 취업알선 등)

② 국민취업지원제도 Ⅱ유형

Ⅰ유형에 비해 지원대상이 넓어 선발될 확률은 높으나 생계안정을 위한 수당 혜택이 적다. 국민취업지원제도 Ⅱ유형은 단계별로 취업 지원이 이루어진다.

① 1단계-기간 : 1개월

진로설정 및 취업 경로를 탐색하고 취업의욕을 향상시키는 단계. 취업지원 서비스: 3회 이상의 집중 대면상담 1단계 참여수당은 기본 15만 원을 지원받을 수 있다.

② 2단계-기간 : 8개월(최대 11개월)

직업능력을 향상시키고 직장에 적응력을 기를 수 있도록 역량을
강화하는 단계.

취업지원 서비스: 국민내일배움카드를 통한 일반직종 직업훈련
(자부담비 0~50%)

※ **3가지의 지원금 혜택**

　① 훈련비 지원(5년간 300만 원 한도)

　② 훈련참여지원수당(1일 18,000원, 6개월까지)

　③ 훈련장려금(식비+교통비: 140시간 이상인 경우, 월 최대 30만 원)

보람 일자리와
사회공헌 활동

    돈이 있고 몸이 건강하다고 해서 노후준비가 끝난 게 아니다. 노인이 되면서 누구나 느끼는 감정은 소외와 박탈감이라고 한다. 사람들은 눈길을 피하고 만나는 사람은 점점 줄어들고 더 심심해진다. 이때 베풂과 봉사는 남을 돕는 것이면서 동시에 나를 돕는 것이기도 하다. 우리의 행복은 사회로부터 왔고 내가 받은 것을 돌려줄 의무도 있다. 비록 가진 것이 없더라도 봉사활동을 통해 나의 쓸모를 체감할 수 있다.

    서정대학교가 2017년 발표한 학술자료에 의하면, 65세 고령자들의 사회활동은 1인 가구보다는 부부가정 노인이 높았고, 여성보다는 남성노인의 사회활동이 높았다. 노인들의 사회활동은 나이가 많아질수록 점차 줄어들다가 85세가 지나면 10% 이하로 크게 떨어졌다. 서울시 사회공헌 일자리 사업은 소정의 활동비를 지급받으며 다양한 사회공헌 현장을 경험할 수 있고, 새 커리어를 탐색할 수 있는 기회이기도 하다. 월 57시간 활동, 활동비 최대 525,020원, 상해보험 가입 (2019년 기준)

지원은 서울시50플러스포털(50plus.or.kr → 일 → 사회공헌일자리/커리어전환 · 취업/앙코르 전직지원)을 통해 할 수 있다. 보통 50대 이상 일자리에는 자원봉사, 공헌형, 혼합형, 생계형으로 4가지 유형으로 나눌 수 있다.

구분	50대 이상 일자리 유형 요약
자원봉사	−소득추구 활동에서 가치추구활동으로 변화 −무급활동(아름다운 일자리), 사회참여형 일자리의 첫 단계
공헌형 일자리	−실비수준의 활동비가 지원되는 일거리 중심의 활동 −보람일자리 등 서울시와 정부지원금으로 운영 −새로운 경력을 쌓기 위한 일자리 전환의 디딤돌
혼합형 일자리	−공익과 수입 모두들 고려한 일자리 −기존경험과 역량을 활용한 전직 및 창직 형태 −비영리단체, 사회적 기업, 협동조합 등 사회적 경제분야
생계형 일자리	−수입과 생계가 주목적인 일자리 −생계형 자영업, 일반직장 재취업, 벤처

50대 이상 일자리 유형

출처 : Life Plan연구소 강신익 대표

▶ 사회참여, 봉사단체 기관

- 1365자원봉사포털(www.1365.go.kr)

- 참여연대(www.peoplepower21.org)

- 소비자공익네트워크(sobo112.or.kr)

- 녹색소비자연대(www.gcn.or.kr)

결어 結語, 꾸준한 학습과 좋은 만남

서울시50플러스 시민기자단 모집에 응시하여 면접을 본 적이 있다. 영화 '인턴'에서처럼 지원자들은 전부 50, 60세대들이었고, 면접관들은 30, 40대 청장년들이었다.

　보수는 낮았지만, 1차 서류면접부터 응시자가 많았고, 최종 면접장에서 만난 5060세대들의 경력은 화려했다. 성공적인 직장생활을 마치고 사회적 리더로서, 출판 작가로서, 영향력 있는 유튜버로서 활동하시는 분들이었다. 최종면접시험은 4명씩 조를 이뤄 진행되었다. 면접의 열기는 뜨거웠고 면접장의 풍경은 낯설었다. 치열하게 살아온 5060세대들의 열정을 느낄 수 있었고, 사회적 편견이나 나이 탓에 채용시장에서 환영받고 있지는 못하지만 디지털 시대에 부활하고픈 욕망이 꿈틀거리고 있었다.

중년이 되어도 아무것도 바꾸지 않으면, 아무 일도 일어나지 않는다. 재취업시장이 어려워진 것은 사회적 인식과 법적 문제도 있지만 고령자 스스로 만들어낸 부분도 있다. 지금 나이가 몇 살이든지 간에 진정한 노력은 우리를 실망시키거나 배신하지 않는다. 우리가 원하는 모든 것은 경험과 훈련 속에 있다. 어떤 부자연스러운 일도 오래하면 익숙해지고 익숙해지면 앞으로 나아간다. 다만 그 노력은 학습시간으로 계량화가 되고 증명되어야 한다. 내가 목표를 향해 제대로 가고 있는지는 내가 사용하는 시간을 분석해 보면 된다. 목표는 금강산인데 사용하는 시간이 한라산으로 가는 길에 머물러 있다면 헛수고가 될 뿐이다.

세상은 보이는 것이 전부가 아니다. 그런 현상을 만들어내는 하부구조가 따로 있고 이것은 소수만 알고 세상에 노출되지 않는다. 이런 비밀은 체험과 학습을 통해 터득이 된다.

학습이란 배울 학(學)과 익힐 습(習)의 합성어이고, 배우고 익혀야 완성되는 것이 학습이다.

우리는 배우는 것만으로 다 안다고 착각하지만, 머리로 배우기만 하고 몸으로 익히지 아니하면 제대로 아는 것이 아니다. 남을 가르칠 수 있어야 비로소 조금 아는 것이다.

나도 대표적인 기계치였지만 스마트폰을 배우고 익히는 시간을 늘리자 스마트폰활용 지도사가 되었고, 서울시50플러스재단 디지털 세대 이음단 강사가 되었다.

'세상에서 두 사람이 할 수 있는 일이면 나도 할 수 있다'라는 생각으로 엉덩이를 붙이고 오래도록 머무르면 누구나 그 분야의 스승이 되는 것이다.

새로운 지식이나 생각이 우리를 바꿀 수는 없다. 그러나 매일 꾸준히 즐겁게 습관적으로 행하는 일과 훈련은 작은 스텝이라도 나를 바꿀 수 있고 세상을 바꿀 수 있다. 독자들이 학(學)과 습(習)을 통해 중간 베이스캠프에 안착하고 최종목표에 도달할 수 있기를 기대한다. 꿈은 원대하게 행동은 작은 스텝부터, 이제 힘을 빼고 다시 출발해야 할 때이다.

퇴직 후 2년간 나는 많은 강의를 수강하였다. 코로나로 인해 대부분 온라인 강의였고 동기부여 강의, 모객과 마케팅 강의, 다양한 사업 성공사례 등이었다. 그러나 여전히 부족했다. 이를 조합하고 자신의 처지에 적용하는 것은 별개의 문제였다. 변화의 시작은 몇몇 오프라인 강의를 통해서 만난 수강생들을 통해서 일어났다. '불우하다'의 한자어 '不遇'는 재능이나 포부를 가지고 있으면서도 때나 사람을 만나지 못하여 불운하다는 의미이다.

혼자서는 모든 게 힘겨운 시대가 되었다. 나는 운 좋게 좋은 만남을 가졌고, 이를 인연으로 강남에서 〈창업과 투자 스쿨〉을 오픈할 수 있었다. 함께 나누고 연결하고, 지속적인 학습과 서로의 성공을 도우면서 나도 성장할 수 있었다.

중장년 재취업을 위한 5계명

노사발전재단 경기 중장년일자리희망센터 임선화 소장이 말하는 재취업을 위한 5계명이다.

계명 1, 진짜 원하는 것이 뭘까? '나를 알아야 한다.'

상당수 구직자는 자신의 강점을 알지 못하고, 본인이 무엇을 원하는지 설명하지 못한다. 이렇게 자신의 생각에 대해 판단하는 능력을 '메타인지'라고 하는데, 다수가 겪는 오류이다.

계명 2, 취업시장에 경로우대는 없다. '나를 가꿔라.'

구직 행위는 기업에 나를 선보이는 일이다. 나를 선택할 수 있도록 좋은 인상을 보여 줘야 한다. 가장 대표적인 것이 이력서와 자기소개서다. 채용여부는 이것으로 판가름 난다.

계명 3, 나를 위한 '꿀직장'은 없다. '눈높이를 낮춰라.'

재취업 시장에서는 잘나가는 대기업 출신 퇴직자가 '기피대상'에 오를 가능성이 의외로 크다는 점이다. 중장년을 받아주는 일자리는 대부분 척박하고 불만이 쌓일 가능성이 높다.

계명 4, 퇴직 후는 늦다. '경력관리는 미리 준비하라.'

인생 2모작을 준비하는 중장년 중 상당수는 자격증을 돌파구로 삼는다. 퇴직 후 자격증 획득 그리고 취업을 꿈꾸지만, 전문가들은 '퇴직

후 준비는 늦다'라고 입을 모은다.

계명 5, 속단은 금물. '공공기관의 구직지원 서비스를 이용하라.'
정부부처 산하의 기관이나 지자체 등에서 단순한 구인구직 정보부터
개인별 맞춤형 컨설팅까지 다양한 구직지원서비스를 운영하고 있다.
재취업에 필요한 교육까지 제공한다.

부록 1

'디지털 바보' 되지 않기

스마트 라이프를
위한 팁

　최근 기업들은 디지털 트랜스포메이션에 집중하고 있다. 즉 AI와 머신러닝, 빅데이터, 사물인터넷과 같은 신기술을 사용해 아날로그 프로세스를 디지털로 전환하고 있다. 고속버스가 처음 나올 때는 특별한 의미가 있었지만 모든 버스가 고속버스가 되자 원래의 의미가 없어졌듯이 조만간 디지털이라는 말도 이렇게 사라진다고 한다.

　개인의 일상도 이제 디지털 전환이 필수적이다. 안내원보다는 챗봇이 먼저 나오고 서비스로봇, 배달로봇, AI로봇이 우리를 어리둥절하게 만든다. 현대인들은 대다수 정보를 스마트폰을 통해서 얻고, 이를 통해 디지털의 혁신을 느끼고 있다. 지하철이나 쇼핑몰에서 카카오페이나 네이버페이, 삼성페이, 신한 플레이 등 스마트폰 간편 결제가 크게 늘고 있다. 2021년 상반기 실물카드 결제는 2.2% 증가한 반면, 모바일 기기를 이용한 결제규모는 전년 대비 21.4%나 늘어났다.

내 손 안에는 AI비서가 항상 대기하고 있지만 스마트폰 활용도는 천차만별이다. 전화와 문자, 채팅기능 정도만 사용하는 이들도 많다. 고령자라도 앱으로 교통편을 예약하고 음식과 상품을 주문하고, 오디오북에서 원하는 책을 수시로 듣고, 은행송금을 할 수 있어야 '디지털 어른'이 된다.

2030년에는 일본과 한국 노인의 95% 정도가 온라인 접속이 가능하다고 한다. 이미 우리나라 스마트폰 보유율은 95%로 세계 1위이고, 인구 5,180만 명에 7,050만대의 스마트폰이 보급되어 있다.

향후 스마트폰을 중심으로 서비스들이 확대되어 나갈 것이고, 스마트폰이 익숙한 그룹과 그렇지 못한 그룹 간의 양극화로 디지털정보 격차는 점점 커질 것이다.

데이터가 생성되는 속도의 가속화로 전 세계 모든 기업의 비즈니스 데이터의 양은 1.2년마다 2배로 증가하고 있다고 한다. 클라우드 기술의 발달로 데이터를 언제 어디서나 원격으로 사용할 수 있고 데이터 저장비용 또한 획기적으로 저렴해지고 있다. 한편 '정보난무(亂舞)의 시대'에서 정확한 정보를 찾아내고 편집하는 능력은 일과 일상생활 모두에서 중요하다.

고령자 입장에게 쏟아져 나오는 스마트폰 앱 기능들을 익히는 것은 성가신 일이다. 침침해진 눈으로 더 이상 배우고 싶지 않은 심정은 이해되지만 배우는 고통을 감수하면 편리한 것들도 많다.

노인들은 키오스크 매장에서 돈이 있어도 사먹지 못하고, 매장에 미리 왔는데 나중에 온 사람이 먼저 주문하면 화가 난다고 한다. 내가 디지털 강사로 있는 서울시50플러스재단 디지털세대 이음단의 모토는, "친숙, 익숙, 능숙! 모든 삶이 계속되도록 하는 디지털 이음세대"이다. 즉, 디지털시대에 소외되고 낙오되면서 사회 전반에서 배제된 노령층을 대상으로 키오스크사용법, 배달음식주문법 등 실생활과 관련된 디지털기기 활용을 일대일 개인 과외식으로 알려주고 있다.

아이들은 자기 할아버지, 할머니가 스마트폰으로 카톡을 하거나 음식주문을 하면 친구들에게 자랑하고 진심으로 존경을 한다고 한다. 다만 고령자들은 이런 것들을 배우고 돌아서면 잊기가 일쑤이다.

신기한 것은 생각을 바꾸어 내가 배운 것으로 누군가를 가르치겠다고 마음을 먹자 복잡하기만 했던 폰의 구성과 어플들이 하나씩 눈에 들어오기 시작했다. 이 무렵 스마트폰활용지도사 홍은희강사, 정다혜강사님을 만난 것은 행운이었고, 내가 시니어 스마트폰활용지도사 자격증을 취득하는 계기가 되었다. 아래 내용은 두 분 강사님으로부터 배운 내용을 정리하였다.

1 **원하는 것을 빠르게 찾아내는 아이콘 다섯 개와 주요키워드**
  • 아이콘 5 : 가로, 세로 점 3개/ 줄 3개/ 톱니바퀴/ 돋보기
  • 주요키워드 5개 : 자료실, 고객센터, 도움말, 게시판, 공지사항

도움이 되는 아이콘5 & 중요 키워드5

1. 자료실 2. 고객센터 3. 도움말
4. 게시판 5. 공지사항

휴대폰 화면에서 위의 아이콘 5개를 눌러보면 핵심기능들이 숨어있다. 사이트 검색 후에는 중요 키워드 5개(자료실, 고객센터, 도움말, 게시판, 공지사항)를 먼저 찾아보고, 다음에는 홍보자료, 카드뉴스, 정책자료, 간행물 등의 항목 어딘가에 내가 원하는 것이 있다.

2 정확한 정보를 찾아내고, SNS에 올리는 방법

· 구글 검색창에서 자료 찾기(구글이 네이버보다 자료를 검색하기 쉽다.

· 원하는 키워드 + (pdf 또는 ppt) 또는 "원하는 키워드" filetype: PDF

예시〉자동차사고방지교육pdf

pdf 또는 ppt자료는 디테일하며 전문적인 자료들이 많다.

· 자료 다운로드하기 전에 (https 또는 kr) 확인

많은 자료들 중 뒷쪽에 'kr'이 찍힌 것을 선택한다. 국가나 공공기관에서 발행한 자료들이며 블로그 글에 비해 엄선된 정보이다. 검증되지 않은 블로그 사이트는 주의한다.

· 강의안을 만들 때는 '알pdf' → 원하는 자료로 변환(ppt 또는 jpg 등)

· 알PDF 프로그램 다운로드하는 방법 : 아래 링크를 누르고 들어가서 설치한다(http://bit.ly/알PDF다운로드).

③ 스마트폰 기본은 '설정'에서부터

- 설정에서 폰 사용 설명서 확인하기

- 홈 화면에 사용설명서 위젯 설정해 놓고 보기(빈 공간을 길게 누르면 위젯이 뜬다)

- 위젯이란 : PC, 휴대폰, 블로그 등에서 웹브라우저를 통하지 않고 날씨 · 달력 · 계산기 등의 기능과 뉴스 · 게임 · 주식정보 등을 바로 이용할 수 있도록 만든 미니 응용프로그램이다.
  홈 화면에서 빈 공간을 길게 터치하거나, 손가락 두 개로 오므리면 하단에 "위젯"이 뜬다(삼성스마트폰 사용설명서 다운로드 링크 : https://www.samsungsvc.co.kr)

- 휴대폰 화면터치 방법

④ 원하는 지식을 알려주는 스마트폰 앱 활용 노하우

- 플레이스토어 / 원스토어 / 갤럭시스토어 ('광고'라고 적힌 앱은 다운로드하지 말 것)

- 폰과 PC에서 확인 : 플레이스토어는 크롬브라우저에서

▶ 디지털활용 교육자료 사이트 :

- 배움나라 (https://www.estudy.or.kr), 서울시평생학습포털 (https://sll.seoul.go.kr), K-MOOC (www.kmooc.kr), 정부24, 행정안전부

구글링과
앱 활용하기

1 **영리한 구글링 (인터넷 '구글링하는 법' 요약)**

- 특정 단어 그대로 검색을 원하면 따옴포 단어 안에 원하는 검색어를 넣는다.

- 2개 이상의 문구로 교집합으로 검색 하려면, 검색어1 + 검색어2

- 여러 개의 검색결과를 한꺼번에 보려면, 검색어1 or 검색어2

- 단어의 뜻을 빠르게 알려면, define: 검색어 (예시, define: 메타버스)

- pdf로 된 파일을 검색하려면, "검색어" filetype:pdf

- 제목에 특정단어가 들어가 있는 검색은, intitle:검색어 (예시, intitle:검수완박)

- 검색 가운뎃 단어가 생각나지 않을 때, 검색어*검색어 (예시: 검*완박)

- 비행기 출발시간이 궁금하면, 항공편명을 그대로 입력: (예시 JD500)

- 잃어버린 휴대폰위치를 찾는다면 자신의 구글 계정에서: find my phone

- 오늘 지역 날씨 검색은, "오늘의 날씨"라고 말하거나 타이핑

• 빠른 영화관 검색방법은? 강남 메가박스

※ TIP : 크롬 브라우저에서 외국어를 간단히 번역하려면 마우스를 우클릭하여 한국어 선택한다.

② 손안의 똑똑한 비서, 구글 어시스턴트

스마트폰 네비게이션바 홈키(하단 좌측그림 ②)를 길게 누르거나, 구글 초기
화면으로 들어가면 구글 렌즈와 마이크가 보인다.

① 구글렌즈(하단 우측그림 ①)로 사진을 촬영하거나 갤러리의 사진을 선택한다.

　　* 번역과 스캔, 듣기 기능 : 갤러리 단어를 번역하고, 명함을 연락처에 저장
　　하고, 일정을 캘린더에 추가하며, 문단을 복사한 다음 삼성노트나 구글
　　킵메모에 붙여 넣는다. 듣기실행도 가능하다.

　　* 검색 기능 : 식물 이름이 무엇인지, 강아지가 어떤 품종인지 알아볼 수 있다.

　　QR 코드와 바코드를 빠르게 스캔이 가능하다.

② 구글 마이크에서 말로 요청하면 해결되는 것들(구글이나 네이버 듣기 모드
에서 실행)

　• 내일 5시에 깨워줘 (알람 설정 기능)

　• (관공서 등) 전화걸기 : '동대문구청에 전화 걸어줘'

하단바 (1. 최근실행앱 2. 홈 3. 취소)

구글 하단바 (1. 렌즈 2. 마이크 3. 취소)

- (저장된 이름으로) 'OOO'에게 전화 걸어줘, 메시지 보내줘.

- 한라산 높이, 오므라이스 요리법 등 검색 요청.

- 주가, 환율, 날씨, 동물 소리, 4칙 연산도 계산가능(1+2는3)

- 유튜브 실행 요청 : 임영웅 노래 틀어줘

- 주유소, 주차장 찾아줘

- 메모기능: 메모해 줘, 메모 전부 보여줘

- 리마인더 기능: 몇 시에 뭘 하라고 알려줘

③ 핸즈프리 기능 : 자동차 운전 시에는 "오케이 구글"이라고 말해서 핸즈프리로 변경할 수 있다. 구글이나 네이버 AI비서는 불분명한 말도 잘 알아듣는 등 지능이 크게 향상되었다.

③ 구글과 네이버 검색창 비교

구분	구글	네이버
장점	1. 세계최대의 웹페이지 색인수 2. 검색결과의 공정성 3. 다른 웹 사이트와 상생추구 4. 위성 사진, 우주 사진(구글 어스, 구글 스카이) 등 고가의 정보가 무료	1. 연관된 자료끼리 깔끔하게 정리 2. 데이터베이스의 속성(뉴스, 이미지, 동영상)에 따라 2단계검색성공률이 높음 3. 네이버와 네티즌이 만든 지식 iN 4. 인터넷화제 파악(인기뉴스, 인기 검색)
단점	1. 기계적인 검색 결과 2. 검색결과를 분류해 주지 않음 3. 블로그, 지식iN 등 사용자 데이터베이스가 약함 4. 강력한 검색엔진으로 인권침해 우려	1. 검색에서 원본보다 블로그를 노출 2. 수작업에 의존하는 검색 기술 3. 검색결과의 편파성 시비 4. 닫힌 포털의 패쇄성

출처 : 강병준 · 류현정, 『구글 vs 네이버: 검색대전쟁』, 전자신문사, 2008..

워크플로우^{work-flow} 자동화
(마케팅 자동화, 랜딩페이지, 파일백업)

1️⃣ **주소 싸이트 모음 (https://linktr.ee)**

- 링크트리(linktr.ee)에서 본인의 홈페이지, 블로그, 유튜브, 인스타그램 등을 한 곳에 모아두고 링크 전송 (간단히 작성가능, 예시: https://linktr.ee/ssjameslee)

2️⃣ **단체문자 발송 시스템**

- 알리고 aligo(가장 저렴), 문자나라(munjanara), 솔라피 Solapi

3️⃣ **마케팅 자동화 플랫폼: 자피어(Zapier)**

- 워크플로우 자동화로 문자나 메일을 자동 발송해 준다. 가장 큰 이점은 시간절약이지만 월이용료가 발생한다.

④ 랜딩페이지 만들기 (brizy.cloud)
- 랜딩 페이지란, 본인의 모든 SNS계정(인스타, 블로그, 유튜브)이 메인페이지로 유입될 수 있도록 설계하는 것으로 방문객의 회원가입, 이메일구독 등을 안내할 수 있다. (brizy.cloud)는 주어진 툴을 이용해 마케팅용 방문페이지(랜딩페이지)를 만들 수 있다.(사용법은 유튜브에서)

⑤ 홈페이지 만들기
- 모두 홈페이지 https://www.modoo.at/home
- 쇼핑몰 만들기 : 아임웹 홈페이지 https://imweb.me/

⑥ 파일 자동백업은 드롭박스(Dropbox)
- 데이터 파손이나 분실에 대비 파일 동기화와 클라우드 컴퓨팅을 이용한 웹 기반의 파일 공유 서비스이다.

⑦ 자료 관리 플랫폼: 노션(https://www.notion.so)
- 하나의 워크스페이스와 팀 프로젝트(협업)를 지원한다.
- 개인 및 팀에게 효율적인 작업 공간을 제공하며 노션(Notion) 하나로 모든 것을 정리하거나 계획할 수 있고, 데스크톱 및 모바일에서 협업, 프로젝트 진행 현황 확인이 가능하다.

알고 나면
손쉬운 스마트폰 앱^{Application}

아래 앱(Application)을 일단 플레이스토어에서 다운 받는다. 이 책의 설명이 부족하면 유튜브를 통해 상세한 방법을 추가로 확인할 수 있다.

① 구글킵(Google Keep)메모

- 카톡처럼 PC와 스마트폰에서 연동되고, 쌍방향에서 입력과 조회가 가능하다.

- 생각을 즉시 메모하고 검색할 수 있다. 음성을 텍스트로 변환, 사진 저장 기능

- Keep 메모를 다른 사용자와 공유하고 실시간으로 공동작업, 메모를 색상별로 분류하고 라벨 추가

  ※ 구글 확장프로그램인 '구글 킵(Keep)과 구글 캘린더'는 PC와 스마트폰에서 연동하여 작동됨으로 메모와 일정관리에서 특출한 도구이다. 또한 구글 '설문지'에서 템플릿을 사용하면 파티초대, 행사 참석여부 및 다수의 연락처 정보를 간단히 파악할 수 있다.

② 리멤버

받은 명함을 촬영하기만 하면, 문자인식기술과 수기입력을 접목하여 관리.
명함이 입력되면 휴대폰 연락처를 저장, 명함의 이름 이외에도 회사이름이나
직책으로도 검색가능. 팀 명함첩으로 복제가능. 카톡이나 문자로 바로 전달

③ vFlat(브이플랫)

문서, 책, 메모 등 휴대폰으로 촬영한 이미지를 고화질 PDF 또는 JPG 이미지
로 만들어주는 스캐닝 앱, 촬영 이미지를 텍스트로 변환하고 번역이나 키워드
검색이 가능

④ 멸치앱

유튜브 5종 세트(오프닝, 클로징, 썸네일, 범퍼영상, 채널아트)를 간단히 만들
수 있다. 앱 내 검색기능 지원으로 사용자가 원하는 형태의 영상(사진)을 템플
릿에서 찾아서 손쉽게 제작할 수 있다. 기념일/행사영상 편집

⑤ 모바일팩스

내 폰의 문서나 파일을 상대방 팩스로 송수신 가능하다(팩스기 불필요).

⑥ 텍스트 스캐너(OCR)

이미지 촬영 후 즉시 텍스트로 변환 할 수 있다.

⑦ 샌드애니웨어

쉽고 빠른 대용량 파일 전송 서비스이다. 파일의 종류, 개수, 용량 제한 없이
사용할 수 있고 모바일, PC 어떤 플랫폼에서도 대용량 파일을 전송할 수 있다.

⑧ 일상생활에 유용한 앱

- 카카오지하철 : 최단경로 안내 및 도착예정시간 안내 및 공유 기능

- 카카오버스 : 버스위치, 혼잡도, 주변 정류장 안내, 카카오맵과 연동

- 똑닥(모바일 헬스케어서비스) : 진료병원 예약, 휴일 진료병원, 집근처 약국

찾기 앱

- 무료음악다운 앱 : 음악다운, 4shared, 뮤직타운
- 아이마크업 : 화면 캡쳐 후에 빨간 네모나 화살표 등을 표시
- 포토포니아(Photofunia) : 사진합성, 달력 만들기, 액자효과, 얼굴합성
- 1초 메모: 둥둥 뜨는 클라우드 메모, 앱이 뜨자마자 바로 메모 가능, 계좌번호 메모
- 글로싸인(네이버에서) : 전자도장. 싸인 만들기 앱 (워드, 한글, PDF, JPG, PNG 등 모든 파일형식 지원)
- 리무브비지 : 사진배경을 제거하는 remove.bg
- 모두의 신문, 티타임즈(ttimes.co.kr) : 뉴스요약, 뉴스Pick, 비즈니스뉴스, 랭킹뉴스방송포털, 지자체홈페이지 연결.

기타 신박한 스마트폰 앱 활용

① 삼성 flow: https://www.samsung.com/sec/apps/samsung-flow/
- 노트북과 스마트폰을 연동하여 사용, 스마트폰을 이용한 강의에 사용
- 스마트폰 화면을 컴퓨터 화면에 띄워주는 삼성Flow 앱

② 팀뷰어

언제 어디서든 스마트폰이나 태블릿을 사용하여 원격으로 컴퓨터 또는 모바일 기기에 쉽게 액세스하고 제어할 수 있다. 개인의 경우 비상업용이면 무료이다.

③ 네이버 스마트보드

다양한 상황에 맞추어 번역 및 검색, 음성 자막변환 기능, 이미지를 활용한 여러 표현이 가능하고, 개성에 맞게 설정 가능한 키보드앱

④ 스텔라브라우저 (잠깐, 이건 '원스토어'에서 다운로드 가능)

유튜브, 페이스북, 인스타그램, 네이버, 카카오 등 인터넷의 모든 동영상과 음악을 다운로드 할 수 있는 웹 브라우저이다.

※ 단위: 메모리 크기에서 Kilo, Mega, Giga, Tera란?

10^{12}	테라 (tera)	T	일조	1 000 000 000 000
10^{9}	기가 (giga)	G	십억	1 000 000 000
10^{6}	메가 (mega)	M	백만	1 000 000
10^{3}	**킬로 (kilo)**	k	천	1 000
10^{2}	헥토 (hecto)	h	백	100
10^{1}	데카 (deca)	da	십	10
10^{0}			일	1
10^{-1}	데시 (deci)	d	십분의 일	0.1
10^{-2}	센티 (centi)	c	백분의 일	0.01
10^{-3}	밀리 (milli)	m	천분의 일	0.001
10^{-6}	마이크로 (micro)	μ	백만분의 일	0.000 001
10^{-9}	나노 (nano)	n	십억분의 일	0.000 000 001
10^{-12}	피코 (pico)	p	일조분의 일	0.000 000 000 001

알아두면 유용한 도구
(카카오페이, 키워드 분석, 퍼널모아, 크몽)

① (카카오페이에서 수초 내 송금하기

카톡 전체설정 ⇨ 실험실 ⇨ 송금바로가기 (활성화) : 클립보드에 계좌번호가 복사되면,
카카오페이로 바로 송금할 수 있는 알림을 받는다(종전 2분 소요에서, 2초면 송금 가능)

② 키워드 분석도구: 블랙키위, M-자비스

• 블랙키위(blackkiwi) : 키워드 검색량, 키워드 콘텐츠발행량 조회 등

• M-자비스(카카오톡에서 친구 추가 후 사용)

   - 카카오톡으로 쉽게 인터넷 키워드 검색량을 분석한다

   - 검색량 조회, 검색량 상세데이터, 네이버광고 파워링크 단가 조회 등

③ 퍼널모아

구독경제 비즈니스 플랫폼, 스스로 만드는 홈페이지 제작도구로서 코딩을 몰라도 누구나 전문적인 구독경제 웹사이트를 만들 수 있다.

④ 전문가를 찾아주는 비즈니스 플랫폼

• 크몽(www.kmong.com)
각 분야 전문가를 찾아주는 프리랜서 마켓으로 2021년 1월 기준 누적등록 서비스 25만개, 누적 회원 120만 명, 아웃소싱으로 전문가를 찾거나 본인이 전문가로 등록을 할 수 있다. 책쓰기, 디자인, IT프로그래밍 영상, 사진/음향 등 다양한 전문가들을 매칭한다.

• 투잡 (otwojob.com)
시간단위로 전문가들의 재능을 구입할 수 있다.

• 숨고(soomgo)
1분 안에 고수를 찾아주고, 48시간 내 원하는 서비스를 매칭해 준다.
전문가 매칭 서비스 플랫폼으로 레슨, 이벤트, 결혼, 춤, 컨설팅, 리모델링 등 다양한 분야의 서비스를 제공받고 싶을 때 앱을 통해 고수들의 견적을 받아 스펙과 가격을 비교하여 선택할 수 있다. 8가지의 카테고리에서 800개가 넘는 서비스를 제공하고 있다.

유튜브 영상편집 앱 및
디자인 제작 플랫폼

① 영상편집 앱

- 곰믹스와 뱁믹스2 : 무료 버젼이 있고, 사용하기 쉽다.(Vapshion의 뱁믹스2 는 7분짜리 동영상을 보면 쉽게 사용할 수 있다)

- 프리미어프로 : 배우기 어렵지만 다양한 기능이 있어 많이 이용된다.

- 블로(VLLO, 스마트폰 영상편집), 키네마스터(여행, 소소한 일상)

- 어도비 프리미어 러시(스마트폰, 컴퓨터 등 모든 디바이스에서 편집)

① VREW(브루)

인공지능 자막편집 프로그램으로 음성인식을 통해 텍스트로 변환된 영상자막 을 생성한다.

② PLAYBOARD(플레이보드)

유튜브 채널 분석, 구독자 순위, 조회수 순위, 슈퍼챗 순위를 확인한다.

③ 4K Video Downloader

유튜브/동영상 복사(www.4kdownload.com)

위 앱을 다운로드받아서 바탕화면에 두고 원하는 유튜브 주소를 해당 아이콘 위에 얹기만 하면 해당 유튜브 영상이 본인 pc에 저장이 된다.

② 디자인 제작 플랫폼

④ 미리캔버스, 망고보드, 캔바(Canva)

썸네일, 카드뉴스, PPT, 로고 작성에 유용한 도구로 다양한 디자인샘플(템플릿)이 있어서 그대로 가지고와서 쉽게 편집한다.

⑤ vita: 동영상 인트로, 아웃트로 작성

캔바: 채널아트, 채널로고, 썸네일, 동영상광고

⑥ 글씨팡팡

휴대폰에서 글씨를 예쁘게 만드는 어플

썸네일 작성시 미리캔버스, vita, 망고보드, 멸치, 글씨 팡팡 등이 주로 사용된다.

⑦ 글그램

사진에 글쓰기, 감성글, 안부인사, 썸네일 등 다양한 사진글귀를 만드는 어플

⑧ Publing(퍼블링)

모바일 프로필 명함이 필요하다면, 퍼블링에서 무료로 고급 디지털 명함을 5분 안에 만들 수 있다. 구글에서 검색 후 로그인한다.

⑨ 스노우(카메라 앱)

사용자 얼굴을 인식하는 증강현실 (AR) 기술로 셀카 스티커, 이미지 보정 기

능이 있다. 모자 · 안경 · 토끼 · 수염 등 가상 물체를 얼굴에 부착해 사진을 찍는 증강현실(AR) 서비스를 제공하고 있다. 좌하단 '보정'에서 편집 (유사앱: 유라이크)

③ 사진/이미지, 음악/동영상 무료사용 다운로드

⑩ 무료 이미지(동영상), 디자인소스 활용 사이트

imagesearchman, pixabay.com, unsplash, freepik.com, flaticon.com, pexels, GIPHY(Gif maker)

- 무료 동영상/음악/음향효과 다운로드 : 픽사베이, 믹스키트(mixkit.co) 유튜브, 'YouTube스튜디오-오디오 보관함'에서 다운

⑪ 포토스케이프 X(PhotoScape X)

초보자도 간단하고 쉽게 보정, 편집하는 "사진편집 프로그램

⑫ 무료이미지 편집 온라인 프로그램

https://pixlr.com(사진편집)

⑬ Snapseed(사진편집)

29개 도구 및 필터를 활용, 잡티 제거, 브러시, 원근감 조정, 원하는 스타일을 저장하고 나중 사진에도 적용가능, 모든 스타일을 세밀하고 정밀하게 조정함.

⑭ 누끼따기(배경자동지우기): 이미지에서 배경을 제거한다

누끼따기 사이트: www.remove.bg

전문지식, 학술지, 학위논문 검색

[1] **학술논문 검색 통합플랫폼**

구글스칼라와 네이버 학술정보 검색은 논문검색에 최적화된 통합플랫폼이다. 요즘 학술지나 논문을 쓰려는 사람들이 참고하는 문서의 80~90%이상이 전자문서이다. 즉 좋은 논문을 쓴다는 것은 올바른 검색, 정확한 검색키워드를 찾는 것이 1차 관건이다.

- 구글스칼라(Google scholar)
  구글 학술검색은 폭넓은 학술자료와 기사, 논문, 도서, 초록, 법원 의견과 같은 자료를 검색.
- 네이버 학술정보(NAVER Academic)
- 대학교 (전자)도서관 홈페이지
  각 도서관은 학술지를 제공하는 유료 플랫폼들과 연간 구독계약을 맺고 있다. 교내에서 검색하거나(IP주소로 사용자 자격판단), 교외에서 접속 시에는 대학 도서관 사이트에 로그인 후 사용 가능하다. 각 대학교는 학위논문을 검색하는 별도의 플랫폼(자료검색 데이터베이스)을 가지고 있다.

· 국가전자도서관
  국회도서관, 국립중앙도서관, 한국과학기술정보연구원(KISTI)
  NDSL(National Digital Science Library 국가과학기술정보센터)

② 학술논문 검색지원 플랫폼

· RISS(학술연구전문서비스)전국 대학의 학위논문 및 국내외 학술논문 검색 플랫폼으로 논문검색에서 가장 많이 사용되고 있다.

· DBpia는 국내 우수학술기관이 발행한 저널과 논문을 제공

· 교보스콜라(학지사, 교보문고)

· KCI Service(한국학술지인용색인): 전체학술지 인용지수, 학술지 주제 분류별 인용지수

· KISS: 주제별 논문 검색

· 로앤비(lawnb.com): 법률 포털사이트로서 판례, 문헌, 법률서식, 법조인 인명록 조회

· WESTLAW: 미국 법률 포털싸이트

· 위즈도메인(wisdomain): 특허 검색

· CiNii(사이니): 일본의 논문, 도서, 잡지, 박사 논문 등의 학술 정보로 검색할 수 있는 데이터베이스 서비스. CiNii Research에서는 문헌, 연구데이터나 프로젝트정보 검색

· TKC: 일본 법률 포털싸이트, 우라나라 로앤비와 같다

· 외국학술지 원문복사 신청은 FRIC(외국학술지 지원센터), NDSL, RISS에서

부록 2

정부지원사업
자금지원

정부지원사업을
확인할 수 있는 사이트

　청년기업, 여성기업, 특허기업 인증을 받으면 정부지원 사업에서 자금지원과 장기저리 대출 및 세금 감면 혜택을 받을 수 있다. 정부에서는 매년 조 단위의 자금이 소상공인, 중소기업 지원을 위해 사용되고 있다. 다음은 정부지원사업 정보를 얻을 수 있는 대표적인 사이트다.

① 기업마당(www.bizinfo.go.kr)

중소기업 정부지원사업 정보를 한눈에 확인할 수 있다. 중소벤처기업부와 중소기업연구원에서 운영한다. 주로 1억 원 미만 지원사업이다.

② K-스타트업(k-startup.go.kr)

사업화 지원사업과 정부 R&D 과제를 지원한다. 주로 1억 원 미만 지원사업이다.

③ 중소기업 기술개발 사업 종합관리 시스템(www.smtech.go.kr)

정부 R&D 과제 소관 부처가 중소벤처기업부인 경우 4억 이상의 R&D를 지원한다. 과학기술정보통신부(www.msit.go.kr), 산업통상자원부(www.motie.go.kr), 고용노동부(www.moel.go.kr), 문화체육관광부(www.mcst.go.kr) 등 각 부처 사이트 또는 각 지자체 사이트를 참고하는 것이 좋다.

④ 창업진흥원(kised.or.kr)

① 초기 창업패키지

- 유망 초기 창업기업(창업 3년 이내)을 대상으로 사업화자금 및 기술혁신 및 성장촉진 지원한다.
- 시제품 제작, 지재권 취득, 마케팅 등에 소요되는 자금 지원(최대 1억 원)
- 나이 제한 없음, 3년 미만 창업기업, 최대 1억 원, 960여 개 사 선발(연 3회)
- 교육, 출석 규제 없음
- 청년창업사관학교(kosmes.or.kr)의 경우 39세 이하, 3년 미만 창업기업, 최대 1억 원 지원, 1,065명 선발(연 1회), 교육, 출석 규제가 있고 공부하고 싶은 사람, 인맥을 늘리고 싶은 사람이 참여.

② 예비창업패키지

- 혁신적인 기술이 있는 예비창업자의 창업를 위해 사업화자금, 교육 지원

③ 창조경제혁신센터

- 예비창업자 및 창업 3년 미만 기업 대상
- 전국 17개 창조경제혁신센터를 통해 지역 인재의 창의적 아이디어 사업화 및 창업 등 지역 창업생태계 조성 및 활성화 지원

예비창업, 초기창업, 창업도약 패키지 사업

중소벤처기업부는 2022년 2월 정책브리핑을 통해 '예비창업·초기창업·창업도약 패키지사업'에 참여할 예비창업자와 창업기업을 순차적으로 모집한다고 밝혔다. 중소벤처기업부는 총 3,010개 예비창업자 및 창업기업을 선발해 제품 개발과 제작, 마케팅 등에 필요한 사업화 자금(최대 3억 원)과 교육·멘토링·마케팅·투자 등 성장단계별 맞춤 프로그램을 제공한다. 이런 창업지원은 지자체 지원 사업까지 포함하면 6,000~8,000개 정도이다.

창업패키지는 성장단계별로 3개 사업으로 나누어진다.

① 예비창업자를 위한 예비창업패키지

예비창업패키지는 참신한 아이디어, 기술을 가지고 창업을 준비 중인 예비창업자의 성공적인 창업 사업화를 지원하는 사업이다. 2022년의 경우 예비창업자 1,260명을 선발 예정인데, 일반분야에서 760명, 데이터·인공지능, 그린, 자율주행·드론, 바이오, 핀테크, 여성, 소셜벤처 등 7대 특화분야에서 500명을 선발한다. 선발된 예비창업자에게는 최대 1억 원(평균 5000만 원)의 사업화 자금과 창업 준비와 실행 과정에서 필요한 교육 및 멘토링을 제공한다.

② 3년 미만 창업기업을 위한 초기창업패키지

초기창업패키지는 창업 이후 업력 3년 이내 창업기업의 안정적인 시장진입과 성장을 지원하는 사업이다. 초기 창업기업 700개 사를 선발하여 최대 1억 원(평균 7000만 원)의 사업화 자금 제공과 창업 촉진을 위한 프로그램을 운영한다. 인공지능, 가상·융합현실(VR/AR), 사물인터넷, 바이오헬스, 블록체인 등 유망 신산업 분야의 창업기업은 가점을 부여한다.

③ 7년 미만 창업기업을 위한 창업도약패키지

업력 3년 이상 7년 미만인 도약기 창업기업이 매출 부진과 자금 부족으로 사업화에 실패하는 이른바 데스밸리(죽음의 계곡)을 극복하도록 돕는다. 도약기 창업기업 480개 사를 선발하며 일반과제에서 410개, 대기업 협업 프로그램에서 70개를 선정하며, 창업기업에 최대 3억 원(평균 1억2,000만 원)의 사업화 자금과 맞춤 프로그램을 제공한다.

신청접수는 2~3월 중에 K-스타트업 홈페이지(www.k-startup.
go.kr)에서 가능하고, 사업설명회는 유튜브 창업진흥원 채널을 통해
진행된다. 통합콜센터(전화 1357)를 통한 전화문의도 가능하다(2022
년 대한민국 정책브리핑(www.korea.kr) 참고).

창업기업지원,
팁스TIPS

중소벤처기업부는 매년 1월경 팁스(TIPS, Tech Incubator Program for Startup) 창업기업 지원계획을 공고한다. 팁스는 민간 투자사를 통해 우수한 창업기업을 선별하고 민간투자와 정부자금을 매칭 지원하여 고급 기술인력의 창업 활성화를 도모하며, 유망 창업기업을 성장단계별로 발굴·육성하기 위한 창업기업 지원 프로그램이다.

글로벌시장을 지향하는 기술력을 갖춘 유망 창업팀에게 기회를 제공하기 위하여 성공벤처인 중심의 엔젤투자사, 초기전문 벤처캐피탈, 기술대기업 등을 운영사로 지정하여 엔젤투자·보육·멘토링과 함께 R&D자금 등을 연결하여 일괄 지원한다.

① 팁스 운영사(Accelerator)란?

엔젤투자 재원을 보유하고 창업기업 선별, 투자, 보육 등 지원역량을 갖추고 있는 창업기획자, 초기전문 벤처캐피탈, 벤처·중소기업 및 대·중견기업 등으로 유망한 창업기업을 발굴·선별하여 엔젤투자와 보육, 멘토링하는 기관·기업이다. 창업기획자란, 초기창업자에 대한 전문보육 및 투자를 주된 업무로 하는 자로서, 벤처투자법의 적용을 받으며 상법에 따라 납입자본금(1억 원 이상) 납입 후 등록을 신청할 수 있다.

팁스 운영사의 투자 및 추천을 통하여 동 사업에 참여 가능하며, 팁스 운영사는 단순 접수처가 아닌 사업가능성이 높은 창업기업을 선별·투자하는 기관이다.

② 2022년 기준 TIPS 지원규모

연구개발과 창업사업화, 해외마케팅 비용 등을 포함하여 총 2,683억 원 규모이다. 팁스 운영사가 창업기업을 선별하여 1~2억 원의 투자 후 추천하면 정부는 연구개발, 창업사업화 등 최대 7억 원을 지원한다(후속 연계지원 별도). 창업기업이 희망하는 연구개발과제를 자유롭게 제안하되 4차 산업혁명 분야, 소재·부품·장비 분야, 디지털·비대면 분야 등 신성장 육성 분야에 해당하는 경우, 가점 부여한다. TIPS프로그램과 관련된 자세한 사항은 TIPS 사이트(www.jointips. or.kr)에서 얻을 수 있다 (팁스 자료제공, 비즈택스 최원호 세무사).

③ 국가지원사업의 유형 및 한도액

① 사업화자금

예비창업패키지(1억), 창업도약패키지(3억), 혁신패키지(1.5억)

② R&D 자금

디딤돌(1.5억), 전략형(4억), TIPS(5억), 시장대응형(5억), 수출지향형(20억)

③ 바우처 자금

정부가 수요자에게 사용쿠폰을 발급하여 공급자를 선택토록 함
수출바우처, 글로벌IP, 지식재산바우처, 제조바우처, 데이터바우처 등.

④ 유상정책자금

기술보증기금, 신용보증기금, 신용보증재단, 중소기업진흥공단

⑤ 시중은행 특수자금

IP담보대출, 동산담보대출

⑥ 인증서

여성기업, 벤처기업, 이노비즈, 메인비즈, 성과공유기업, 직무발명보상우수기업

⑦ 고용지원금

청년추가 고용장려금, 신중년장려금, 청년내일채움공제

⑧ 연구소 자금

일정요건을 갖춘 기업부설연구소와 연구개발전담부서를 설립·인증함으로써
연구개발 활동에 따른 각종 조세, 관세, 자금지원 및 병역특례 혜택